基督教文化研究丛书

主编 何光沪 高师宁

九编 第 **3** 册

論趙雅博基本倫理學和特殊倫理學之串連

劉 沐 比 著

花木兰文化事业有限公司

國家圖書館出版品預行編目資料

論趙雅博基本倫理學和特殊倫理學之串連／劉沐比 著 -- 初
版 -- 新北市：花木蘭文化事業有限公司，2023〔民112〕
序2+ 目2+142 面；19×26 公分
（基督教文化研究丛书 九編 第3冊）
ISBN 978-626-344-218-4（精裝）
1.CST：趙雅博 2.CST：學術思想 3.CST：倫理學
4.CST：士林哲學
240.8   111021864

ISBN-978-626-344-218-4

基督教文化研究丛书
九編　第三冊　　　　　　ISBN：978-626-344-218-4

論趙雅博基本倫理學和特殊倫理學之串連

作　　者　劉沐比
主　　編　何光滬、高師寧
執行主編　張　欣
企　　劃　北京師範大學基督教文藝研究中心
總 編 輯　杜潔祥
副總編輯　楊嘉樂
編輯主任　許郁翎
編　　輯　張雅淋、潘玟靜　美術編輯　陳逸婷
出　　版　花木蘭文化事業有限公司
發 行 人　高小娟
聯絡地址　台灣235 新北市中和區中安街七二號十三樓
　　　　　電話：02-2923-1455／傳真：02-2923-1452
網　　址　http://www.huamulan.tw 信箱 service@huamulans.com
印　　刷　普羅文化出版廣告事業
初　　版　2023 年 3 月
定　　價　九編 20 冊（精裝）新台幣 56,000 元

論趙雅博基本倫理學和特殊倫理學之串連

劉沐比 著

作者简介

劉沐比，1991 年生於臺北，在基督教的家庭長大，父親是牧師，從小受到基督宗教的薰陶。因著父親工作的關係，喬遷過許多城市，於臺南市勝利國小畢業，國中於屏東縣恆春國中畢業，高中於新竹市光復高中畢業。對於未來與信仰有所好奇，大學開始對士林哲學感到興趣，又在碩士班期間學習宗教之間的知識，最後又回歸到研究士林哲學倫理學的部分，是個探索真理的探險家，畢業於輔仁大學哲學系、宗教所碩士班、哲學系博士班。

提　　要

　　趙雅博神父，本名趙清宇，生於 1917 年 4 月 13 日，於 2015 年 12 月 3 日安息主懷。趙雅博一生致力於倫理學研究與倫理教育，趙雅博自身的國學造詣加上留學經驗，將中西倫理思想融會貫通，其倫理學與中西文化交談的特色，使其思想成為中西文化與倫理學的熔爐。趙雅博在天主教士林哲學的研究上充滿熱誠，將所學與信仰融合並實踐於臺灣的社會當中，尤其展現於倫理教育。趙雅博所受的倫理學教育來自新士林哲學之薰陶，接受西方倫理學之架構，並融合東方倫理學之基礎。雖然說趙雅博並不是在新士林哲學倫理學上的第一人，但其影響性在於倫理教育的部分，趙雅博的倫理學特徵就在於將理論與實踐融合。在趙雅博的倫理學中，認為道德勝於學問，主張道德屬於實踐，將理論用實際例子舉出，並教導實踐之方法，本論文透過探究趙雅博基本倫理學與特殊倫理學之串連，勾勒出趙雅博對於臺灣倫理學之貢獻與影響，冀望透過本論文陳述趙雅博的基本倫理學與特殊倫理學，展現出其倫理學的當代性意義。

"基督教文化研究丛书"总序

何光沪 高师宁

　　基督教产生两千年来，对西方文化以至世界文化产生了广泛深远的影响——包括政治、社会、家庭在内的人生所有方面，包括文学、史学、哲学在内的所有人文学科，包括人类学、社会学、经济学在内的所有社会科学，包括音乐、美术、建筑在内的所有艺术门类……最宽广意义上的"文化"的一切领域，概莫能外。

　　一般公认，从基督教成为国教或从加洛林文艺复兴开始，直到启蒙运动或工业革命为止，欧洲的文化是彻头彻尾、彻里彻外地基督教化的，所以它被称为"基督教文化"，正如中东、南亚和东亚的文化被分别称为"伊斯兰文化"、"印度教文化"和"儒教文化"一样——当然，这些说法细究之下也有问题，例如这些文化的兴衰期限、外来因素和内部多元性等等，或许需要重估。但是，现代学者更应注意到的是，欧洲之外所有人类的生活方式，即文化，都与基督教的传入和影响，发生了或多或少、或深或浅、或直接或间接，或片面或全面的关系或联系，甚至因它而或急或缓、或大或小、或表面或深刻地发生了转变或转型。

　　考虑到这些，现代学术的所谓"基督教文化"研究，就不会限于对"基督教化的"或"基督教性质的"文化的研究，而还要研究全世界各时期各种文化或文化形式与基督教的关系了。这当然是一个多姿多彩的、引人入胜的、万花筒似的研究领域。而且，它也必然需要多种多样的角度和多学科的方法。

　　在中国，远自唐初景教传入，便有了文辞古奥的"大秦景教流行中国碑颂并序"，以及值得研究的"敦煌景教文献"；元朝的"也里可温"问题，催生了民国初期陈垣等人的史学杰作；明末清初的耶稣会士与儒生的交往对话，带

来了中西文化交流的丰硕成果；十九世纪初开始的新教传教和文化活动，更造成了中国社会、政治、文化、教育诸方面、全方位、至今不息的千古巨变……所有这些，为中国（和外国）学者进行上述意义的"基督教文化研究"提供了极其丰富、取之不竭的主题和材料。而这种研究，又必定会对中国在各方面的发展，提供重大的参考价值。

就中国大陆而言，这种研究自 1949 年基本中断，至 1980 年代开始复苏。也许因为积压愈久，爆发愈烈，封闭越久，兴致越高，所以到 1990 年代，以其学者在学术界所占比重之小，资源之匮乏、条件之艰难而言，这一研究的成长之快、成果之多、影响之大、领域之广，堪称奇迹。

然而，作为所谓条件艰难之一例，但却是关键的一例，即发表和出版不易的结果，大量的研究成果，经作者辛苦劳作完成之后，却被束之高阁，与读者不得相见。这是令作者抱恨终天、令读者扼腕叹息的事情，当然也是汉语学界以及中国和华语世界的巨大损失！再举一个意义不小的例子来说，由于出版限制而成果难见天日，一些博士研究生由于在答辩前无法满足学校要求出版的规定而毕业受阻，一些年轻教师由于同样原因而晋升无路，最后的结果是有关学术界因为这些新生力量的改行转业，后继乏人而蒙受损失！

因此，借着花木兰出版社甘为学术奉献的牺牲精神，我们现在推出这套采用多学科方法研究此一主题的"基督教文化研究丛书"，不但是要尽力把这个世界最大宗教对人类文化的巨大影响以及二者关联的方方面面呈现给读者，把中国学者在这些方面研究成果的参考价值贡献给读者，更是要尽力把世纪之交几十年中淹没无闻的学者著作，尤其是年轻世代的学者著作对汉语学术此一领域的贡献展现出来，让世人从这些被发掘出来的矿石之中，得以欣赏它们放射的多彩光辉！

2015 年 2 月 25 日
于香港道风山

序　言

　　筆者於大學就讀輔仁大學哲學系時，才聽過「趙雅博」教授的名字，但也沒有多熟悉，略知是位以往在輔大、文大及政大等大學任教倫理學的神父。博士班擔任潘小慧教授的研究助理時，因為小慧老師當時在編輯《哲學與文化：紀念趙雅博專題》，有機會協助收集趙雅博的資料，故此逐漸熟悉趙雅博的背景與思想，發現趙雅博很特別，「著作等身」用在趙雅博身上在也恰當不過，以他的著作量來說，確實是可以「等身」的，甚至超過正常人的身高都不成問題。著作量多的同時，趙雅博所涉及的領域甚廣，倫理學、美學是專長，亦是一般學術上對他專長的定位，但不只這些，如神學、翻譯、文學及法律等，趙雅博都有所研究，是全方位型的學者，更是體現「活到老，學到老」的精神，不斷精進自我的趙雅博，甚至在近 90 歲大壽時，依舊撰寫書籍與接受訪談，是位值得敬佩的學者。

　　趙雅博的倫理學著作中，由濃厚的新士林哲學色彩所建立起來的倫理觀，充滿了對於未來的願景，也看出它的創新與前瞻性，在倫理學的討論中，趙雅博的倫理學幾乎都跟上時事，盡可能的將自身所學習到的倫理理論實踐在任何地方。趙雅博一直很看重倫理教育，尤其提倡台灣倫理教育的落實，尤其強調家庭倫理帶來的影響。如今社會欠缺的道德觀，也是趙雅博所擔心的，雖然經濟上面有成長，但若沒有培養倫理道德的習慣，就算經濟多好都沒有意義，若沒有培養好的道德習慣也有可能會因為經濟崩盤而導致道德淪喪。趙雅博雖然是神父，沒有組織家庭，卻用客觀的角度談論家庭教育與性教育，可以說充滿突破性，打破許多刻板印象。

　　筆者未見過趙雅博，也未實際採訪過他，對他的了解都來自於趙雅博的書籍或是一些老師記憶中的故事。但筆者試圖用趙雅博的信仰背景與倫理思維去設想當今的一些倫理議題。相信若這些議題從趙雅博的倫理學角度出發，以過往趙雅博的主張「真正的道德並不會被現代化」來看待現今許多的議題，用趙雅博的倫理學重新給出新的視角，與當代的倫理議題對話，並且提供一個實踐的可能性。

　　筆者希望透過本篇文章讓讀者發現一位值得大家再次研究與討論的學者，並了解這位學者對於新士林哲學或倫理學的付出。趙雅博奉獻了一生追隨信仰，提倡「知行合一」，並用身體力行，努力實踐自身的理論，是位令人敬佩的神父與學者，盼望有更多人可以發現趙雅博的貢獻。

目

次

序 言

第一章 緒 論 …………………………………………… 1

  第一節 研究動機與目的 ……………………………… 1

  第二節 研究方法 …………………………………… 3

  第三節 研究文獻 …………………………………… 3

  第四節 研究範圍 …………………………………… 6

第二章 趙雅博的倫理學背景 ………………………… 9

  第一節 生平 ………………………………………… 9

  第二節 士林哲學的倫理學 ………………………… 11

    一、士林哲學 …………………………………… 11

    二、倫理學 ……………………………………… 13

  第三節 臺灣新士林哲學的倫理學 ………………… 20

第三章 趙雅博的基本倫理學 ………………………… 33

  第一節 基本倫理學——仁與四樞德 ……………… 33

    一、論仁 ………………………………………… 34

    二、論智德 ……………………………………… 40

    三、論正義 ……………………………………… 45

    四、論勇 ………………………………………… 55

    五、論節德 ……………………………………… 56

    六、對比趙雅博與多瑪斯之思想 ………………… 57

第二節　趙雅博倫理學之特色⋯⋯⋯⋯⋯⋯⋯⋯⋯⋯ 60

　　一、新士林哲學的新多瑪斯主義⋯⋯⋯⋯⋯ 60

　　二、思想本土化⋯⋯⋯⋯⋯⋯⋯⋯⋯⋯⋯⋯⋯ 61

　　三、倫理學的絕對性⋯⋯⋯⋯⋯⋯⋯⋯⋯⋯⋯ 63

　　四、前衛性與前瞻性⋯⋯⋯⋯⋯⋯⋯⋯⋯⋯⋯ 64

　　五、實踐性與教育化⋯⋯⋯⋯⋯⋯⋯⋯⋯⋯⋯ 65

　　六、比較與多元⋯⋯⋯⋯⋯⋯⋯⋯⋯⋯⋯⋯⋯ 65

第四章　趙雅博的特殊倫理學⋯⋯⋯⋯⋯⋯⋯⋯⋯ 67

　第一節　特殊倫理學⋯⋯⋯⋯⋯⋯⋯⋯⋯⋯⋯⋯⋯ 67

　　一、個人倫理⋯⋯⋯⋯⋯⋯⋯⋯⋯⋯⋯⋯⋯⋯ 68

　　二、社會倫理⋯⋯⋯⋯⋯⋯⋯⋯⋯⋯⋯⋯⋯⋯ 69

　　三、家庭倫理⋯⋯⋯⋯⋯⋯⋯⋯⋯⋯⋯⋯⋯⋯ 70

　　四、政治倫理⋯⋯⋯⋯⋯⋯⋯⋯⋯⋯⋯⋯⋯⋯ 71

　　五、國際倫理學⋯⋯⋯⋯⋯⋯⋯⋯⋯⋯⋯⋯⋯ 72

　　六、宗教倫理⋯⋯⋯⋯⋯⋯⋯⋯⋯⋯⋯⋯⋯⋯ 74

　第二節　倫理的教育與實踐⋯⋯⋯⋯⋯⋯⋯⋯⋯⋯ 75

　　一、倫理道德教育的價值與目的⋯⋯⋯⋯⋯⋯ 76

　　二、倫理道德教育的方式與傳播⋯⋯⋯⋯⋯⋯ 79

　　三、倫理道德行為的實踐過程⋯⋯⋯⋯⋯⋯⋯ 85

第五章　趙雅博倫理學的當代性⋯⋯⋯⋯⋯⋯⋯⋯ 91

　第一節　當前基督宗教的倫理學⋯⋯⋯⋯⋯⋯⋯⋯ 91

　　一、聖經⋯⋯⋯⋯⋯⋯⋯⋯⋯⋯⋯⋯⋯⋯⋯⋯ 95

　　二、教會⋯⋯⋯⋯⋯⋯⋯⋯⋯⋯⋯⋯⋯⋯⋯⋯ 98

　第二節　趙雅博基本倫理學與特殊倫理學的
　　　　　當代性⋯⋯⋯⋯⋯⋯⋯⋯⋯⋯⋯⋯⋯⋯ 101

　　一、家庭倫理⋯⋯⋯⋯⋯⋯⋯⋯⋯⋯⋯⋯⋯⋯ 102

　　二、生命倫理⋯⋯⋯⋯⋯⋯⋯⋯⋯⋯⋯⋯⋯⋯ 107

　　三、國際倫理⋯⋯⋯⋯⋯⋯⋯⋯⋯⋯⋯⋯⋯⋯ 113

　　四、道德教育的當代性議題⋯⋯⋯⋯⋯⋯⋯⋯ 116

第六章　結　論⋯⋯⋯⋯⋯⋯⋯⋯⋯⋯⋯⋯⋯⋯⋯ 123

註釋圖表⋯⋯⋯⋯⋯⋯⋯⋯⋯⋯⋯⋯⋯⋯⋯⋯⋯⋯ 127

參考書目⋯⋯⋯⋯⋯⋯⋯⋯⋯⋯⋯⋯⋯⋯⋯⋯⋯⋯ 135

第一章　緒　論

本章包含筆者論文《論趙雅博基本倫理學和特殊倫理學之串連》[1]之研究動機、方法與目的並文獻參考與研究之限制。

第一節　研究動機與目的

本章節探討本論文研究之撰寫動機與其研究目的。

一、研究動機

筆者為輔仁大學哲學系畢業，碩士班畢業於輔大宗教所，對於輔仁大學的學術特色「士林哲學」已有部分把握。尤其倫理學部分，碩士論文撰寫的題目為「聖多瑪斯《神學大全》中的自然法」，亦是探討士林哲學重要的神學家兼思想家多瑪斯（Thomas Aquinas，1225～1274）倫理思想的　部分。「士林哲學」為中世紀時期從教廷的大學中興起的思想流派，有著十分濃厚的基督信仰與理性，由兩者結合而成，於十四世紀多瑪斯思想的融入達到全盛時期，十九世紀教宗良十三（Leo PP. XIII，1810～1903）將多瑪斯的哲學思想成為了天主教的官學，成為「新士林哲學」，梵諦岡第二次大公會議後使「新士林哲學」更多本土化，多瑪斯奠定新士林哲學的許多思想架構，而新士林哲學所採用的多瑪斯思想也在二戰後被帶入臺灣的學術界，現今主要由輔仁大學在研究，也就是「臺灣新士林哲學」，關於較詳細內容，筆者將於本論文第

1　筆者原題目為「趙雅博的倫理理論與實行」，經學位論文初審教授關永中教授之審查意見，更改為「論趙雅博基本倫理學和特殊倫理學之串連」。

二章來討論。

　　「士林哲學」進入到臺灣後開始在臺灣深耕，至今有五十餘年之久，但現今的「士林哲學」不受到大眾的重視，且臺灣在哲學教育上缺乏，又或說許多學生或家長不明白哲學系在讀什麼，更不用說只有輔仁大學特有的「士林哲學」，在臺灣的研究相當少見，大多也都是輔仁大學的師生在進行研究，對於「士林哲學」的倫理學這個部分也是少之又少。本論文所要探討人物——趙雅博，為天主教神父，深受士林哲學思想洗滌；又為輔仁大學與政治大學的教授，努力於倫理學的理論發展與教育實踐。曾於教育部所辦的教育電台中傳播倫理道德，[2]極力推行道德教育，其倫理學融合了中西方的倫理學意涵，並致力於倫理的實踐——倫理道德教育，雖不是臺灣士林哲學倫理學學者的第一人，但筆者認為趙雅博對於臺灣新士林哲學的倫理學有一定程度的影響性，更展現臺灣新士林哲學倫理學的實踐性，趙雅博的經歷與其思想引發筆者想研究的好奇心，因此筆者試想以趙雅博的臺灣新士林倫理學對當代倫理學提出新的意義。

二、研究目的

　　起源於中世紀的「士林哲學」，早期的歷史學家稱中世紀為「黑暗時期」（Dark Ages），由於啟蒙運動之前的中世紀是以神本為主的教育體制——「士林哲學」，因此到了啟蒙運動時期，該時期的思想家們逐漸用理性與科學取代神本主義，而轉向為人本主義，因此「千年黑暗」這種說法就出現於啟蒙運動對於中世紀的評論，隨著科學的日新月異，到現代自然會認為中世紀以信仰為核心的思想方式是蒙昧無知且落後腐朽的，以為結合神學的思想是種迷信，故認為中世紀的哲學是沒有發展與貢獻的。[3]上述觀點影響至今，有許多人認中世紀的士林哲學就處於黑暗時期，因此只是一群迷信者的哲學，是毫無價值的，但若仔細研究該時期的哲學，會發現士林哲學並不是毫無研究價值的，因為有士林哲學將許多希臘哲學的思想保留，甚至加入了阿拉伯哲學[4]，才有爾後其他哲學的發展，不管是對於士林哲學的批判或反思，都形成哲學思想史的推動力。士林哲學的倫理學，其影響性更大，或許可說是康德前普遍都是接受

2　趙雅博，《中外基本道德論》，台北市：正中書局，1994 年，自序。
3　王雲龍，《中世紀探驪》，南京：江蘇人民出版社，2019 年，頁 4。
4　鄔昆如、高凌霞合著，《士林哲學》，台北市：五南圖書出版公司，1996 年，頁 20～21。

士林哲學的倫理學，直到康德後有了新的選擇，伴隨新倫理學理論的出現，士林哲學的倫理學開始沒落，但隨著近代第一次世界大戰、第二次世界大戰的發生，人們開始重新思考何謂「人」的價值時，士林哲學的倫理學又慢慢發展起來，故筆者研究目的之一也試想釐清士林哲學倫理學在哲學界的價值，並不是所謂毫無價值，而是值得研究的。筆者寄望透過趙雅博的倫理學，讓讀者發現臺灣新士林倫理學的價值，並試圖讓讀者理解趙雅博的臺灣新士林倫理學並不是一套理論而已，更是能成為當代倫理學的新視點。

第二節　研究方法

本論文期待藉由趙雅博的倫理學思想瞭解其思想的當代性意義與臺灣士林哲學對於臺灣的影響性，本論文採取文獻分析的方式，冀望藉由專書、期刊、論文等各種資料的整理與分析，能夠進一步掌握趙雅博的基本倫理學與特殊倫理學的部分，並從臺灣新士林倫理學趙雅博的倫理學，來看待其倫理學的理論與應用。在探討文獻上，如遇到《聖經》的經文，筆者優先採用和合本聖經為主，並附上天主教思高版為輔。

本論文以趙雅博的倫理學為基礎，先從趙雅博所承繼的士林哲學倫理學的歷史背景開始說起，簡單的說明何謂「士林哲學倫理學」，闡明其內容與其他倫理學理論有何差異。並探討士林哲學倫理學的演變，從前的士林哲學倫理學轉變成新士林哲學倫理學，到今日在臺灣所流傳的「臺灣新士林倫理學」，最後探討趙雅博所繼承與發展的倫理學，尤其從基本倫理學說起。接續討論趙雅博重要的思想──倫理教育，也就是倫理實踐的部分，並分析其倫理學之特色與其倫理學實踐之意義，探討趙雅博特殊倫理學之意涵。後續討論趙雅博倫理學與臺灣其他基督宗教的倫理學之異同與相互影響性，同時也說明趙雅博倫理學理論對現今倫理學的當代性意義。

透過認識趙雅博的思想，來認識臺灣新士林倫理學，並由趙雅博的視角去闡明其倫理學的基本倫理學和特殊倫理學，最後檢視其倫理思想的當代性意涵與其實踐之可能。

第三節　研究文獻

本研究文獻主要以趙雅博的文獻為主，其餘文獻為輔，在此筆者列出所

參考趙雅博的幾本重要文獻，並簡單介紹這些書對於本論文之影響性。其餘未列入本章節的文獻並不表示不重要，而是趙雅博著作等身，其涉獵的領域較多，筆者以本論文為主的文獻來做簡介。

（一）《哲學新論》系列[5]（1969 年）

該系列書叢可說是趙雅博的哲學巨作，大篇幅談論不同的哲學議題。系列書分為兩大篇幅，一到二十九章為上篇，標題為〈哲學的哲學〉，較像是哲學概論，一到十一章為卷一，十二到二十九章為卷二；三十到六十一章為下篇，標題為〈哲學史的哲學〉，探討哲學史的部分，三十到四十三章為卷三，四十四到六十一為卷四。該系列書的卷一，與本論文相關的第六章與第八章，第六章〈哲學觀念之遞衍〉，探討哲學的基本觀念，此章也特別談論士林哲學的哲學觀念為何；第八章〈傳統哲學的內容與範圍〉，談論到傳統哲學中的形上學與倫理學之內容。卷二第十五章探討哲學與神學間的關係，就是士林哲學的核心價值；第十六章分析哲學研究方法，包含了對於士林哲學的方法論介紹。接著較為相關的是卷四第五十章中所探討的士林哲學體系的問題。該系列書籍是全方位的將士林哲學的思想核心檢視過一遍，也可以看成是趙雅博傳承的士林哲學思想教育的成果。

（二）《西洋哲學的發展》（1970 年）[6]

該書可以說是趙雅博所撰寫的簡易型哲學史，卻是豐富的談論士林哲學發展史。從該書第七章的教父哲學談起，到第八章的描述士林哲學草創時期，直到第九章談及士林哲學的盛世，都是談論士林哲學的發展史，甚至最後一章第二十二章，都在談論當代的天主教哲學，是本論文在研究趙雅博的倫理學背景時重要的參考素材。

（三）《中國文化與現代化（上下冊）》（1992 年）[7]

該書為趙雅博討論文化之書籍，第十章是本論文重要參考文獻之一（收錄於該書上冊），該內容討論倫理文化與現代化之議題，探討臺灣倫理的基本項目、世界倫理道德的問題，道德解除與善惡道德標準的分析等，探討基本倫

5　趙雅博，《哲學新論》（卷一～卷四），台北市：啟業書局，1969 年。

6　趙雅博，《西洋哲學的發展》，台北市：台灣商務印書館，1970 年。

7　趙雅博，《中國文化與現代化（上下冊）》，台北市：黎明文化事業股份有限公司，1992 年。

理學與特殊倫理學，但該書趙雅博認為更著重於實踐，也就是生活倫理的部分，趙雅博認為理論部分（該書內稱為倫理學科），太過於專門，認為讀者不大有興趣，因此以生活倫理方式來討論國家對於倫理的重視與否，以及世界倫理面臨的問題，最後提倡國民道德生活，以達到倫理文化之提升。並於該書第十四章（收錄於該書上冊），討論教育制度現代化之問題，討論臺灣教育失敗與教育僵化之部分，趙雅博提倡教育必須以道德為主，認為這是最重要的教育制度，而且是在倫理實踐上，臺灣較為欠缺的部份。二十章第三節（收錄於該書下冊）也探討政治中道德的需要，最後三十四章第七節討論到臺灣需吸取的教訓──道德生活上的淪喪，強調國家需對於倫理道德的重視。《中國文化與現代化》一書，可說是重視倫理實踐的一本書籍，在該書中可以看見趙雅博如何強調倫理生活的重要性。

（四）《倫理道德教育與性教育》（1993 年）[8]

該書為趙雅博所推崇的「倫理道德教育」之實踐理論，趙雅博在該書中提及應該從「家庭」的倫理道德教育開始，「倫理道德」並不是由學校教授，才可以擁有安和利樂的家庭與社會生活並使國家富強，故強調教育應以「道德」為主。趙雅博認為現今的倫理相對主義崛起，讓人誤以為倫理相對主義是絕對真理，使倫理道德教育有了相對性的主張，無形中倫理道德失去其絕對性。該書強調倫理道德有其絕對性，並且在教育的過程中，應該教授何為是非對錯，免得以悖理為真理，若在這樣顛倒是非對錯的家庭、社會或國家中，教育因此無法進行，導致教育破產。該書為本論文探討趙雅博「特殊倫理學」的理論與實踐時，重要的參考書目。

（五）《中外基本道德論》（1994 年）[9]

該書為趙雅博探討中西方基本的倫理學，若從書的內容來看，作者將士林哲學的倫理學，也就是德行倫理學中的「四樞德」──智義勇節，拆分成四個大方向來談論道德，再加上儒家思想中「仁」的概念，來構成整本書的架構，從「仁」論起，接續著講論「智義勇節」四樞德。該書可以說是本論文對於研究趙雅博的重要文獻，本論文第三章與第四章也會詳細分析該書的思想內容。

8　趙雅博，《倫理道德教育與性教育》，台北市：台灣書店，1993 年。

9　趙雅博，《中外基本道德論》，台北市：正中書局，1994 年。

（六）《中外特殊倫理學》（1995 年）[10]

該書主要探討個人、家庭、社會，甚至到國家該有的倫理態度，算是在理論與實踐上很重要的一環，更是本論文所探討趙雅博特殊倫理學的重要書目。該書最終章也探究了宗教倫理的本質、結構與義務，可以說是將士林哲學學以致用的書籍，可以看出趙雅博期望將哲學落實於生活中，尤其在該書第五章第四節的地方解釋士林哲學對於民主的看法，這也可以看出士林哲學積極的參與回應生活問題，使哲學不是單純的理論，而是確確實實可以定位宇宙與安排人生。

（七）《突破與創新》（1996 年）[11]

該書分為〈修身篇〉與〈學術篇〉兩冊，撰寫手法是以〈修身篇〉為第一冊，〈學術篇〉為第二冊，該書為提升讀者（趙雅博強調尤其青年人）素養為主，以小主題方式探討當時的時代議題，該書內容主要以理論與實踐兩部分來表現，不論〈修身篇〉或〈學術篇〉的內容，趙雅博都會先論及現狀，提出解決的理論，並說明應用的可能性或如何應用的方法，該書主要偏重於道德教育的部分，提出教育理念與教育方法，可見趙雅博的倫理學思想對於道德教育果然是一種突破與創新。

第四節　研究範圍

筆者的研究範圍主要以趙雅博的倫理學為主，趙雅博為臺灣新士林倫理學代表人物之一，故此參考書目多為中文為主。「倫理學」為主題就有許多可以延伸、討論的內容，因此筆者將主題限定以「趙雅博」為主的範圍進行分析與研究，試圖將趙雅博的基本倫理學與特殊倫理學應用至當代倫理學當中。而筆者將本論文各章節研究架構整理如下：

第一章　緒　論

第一章內容為研究動機、目的、方法及所需參考的文獻，也包括研究範圍的架構與界定，為整篇論文的緒論。

第二章　趙雅博的倫理學背景

第二章探討趙雅博倫理思想的背景，包含二者，一是士林哲學的倫理理

---

10 趙雅博，《中外特殊倫理學》，台中市：衛道高級中學，1995 年。

11 趙雅博，《突破與創新（修身篇、學術篇）》，台北市：台灣書店，1996 年。

論，介紹士林哲學倫理學之傳承，探討新舊士林哲學倫理思想之流變；二是，臺灣新士林哲學的倫理理論，探討新士林哲學倫理學進入臺灣後與本土文化所結合產生的思想產物，趙雅博承接了臺灣新士林倫理學之理論，故此將其倫理學時代背景與思想脈絡解釋清楚。

第三章　趙雅博的基本倫理學

第三章分析趙雅博的基本倫理學，包含了趙氏基本倫理學的特色——仁，並加入四樞德，該章節介紹且分析趙雅博的倫理學理論，並說明其理論之特色。簡述趙雅博的倫理學與臺灣其他士林哲學倫理學學者的異同之處，其發展之特色在該章會解析。該章以《中外基本道德論》為主軸，探討趙雅博倫理道德之基本倫理學。將解析其倫理學，並延伸至第四章的部分來討論與特殊倫理學之間的關係。

第四章　趙雅博的特殊倫理學

第四章將趙雅博的基本倫理學來做結合，討論其特殊倫理學，又以倫理教育與倫理實踐為重。從倫理教育的部分著手，探討趙雅博所認為的倫理教育為何並如何施行等議題，趙雅博一生從事倫理教育多年，倫理的理論必要搭配其實踐方式，不然只是單純的思想而已，故該章寄望透過趙雅博的倫理教育經驗，將倫理理論實踐於生活中。

第五章　趙雅博倫理學的當代性

第五章探討趙雅博的倫理思想與其他基督宗教的倫理思想之異同。該章更是探討趙雅博倫理學理論與實踐的當代性意義，試圖在當今倫理學議題中嘗試以趙雅博倫理學來開啟新的視域，來說明在當代倫理學議題中，強調趙雅博的倫理實踐，並說明趙雅博的倫理思想仍然有其舉足輕重的影響性。

第六章　結　論

本論文《趙雅博基本倫理學與特殊倫理學之串連》之結論。

以上為本論文之各章節架構。

以倫理學來說，可以分類為規範倫理學與後設倫理學，而規範倫理學又可以分成三種重要的理論：德行倫理學、義務論、目的論。目的論與義務論是主宰當代倫理學的重要論辯，兩者都是重視道德義務和行為所應該遵守的原則，兩者討論的重點都是以「行為」為主。而德行倫理學則是強調道德人格的優位性，關注的是「行為者」，也就是如何「成為有德行之人」的問題，而非

「行為」，成為有德行之人意思為：我「是」怎樣的人，而非我「做」怎樣的事，而成為有德行之人自然做有德行之事，德行倫理學與上述兩者不同。簡單介紹義務論與目的論：義務論認為一個行為的對或錯，不完全決定在行為所造成的結果，而是取決於行為本身所具有的性質和特點；目的論則是主張一個行為的對或錯，完全取決行為所產生的結果，或實現的目的，倫理利己主義（ethical egoism）[12]與效益主義（utilitarianism）[13]都屬於目的論的一種。[14]後設倫理學則更多地集中在討論道德語言的意義，比如道德的本質問題以及道德的檢證。[15]而本論文筆者將趙雅博定位為德行倫理學的派別，因為從趙雅博的書籍或文章內容，都在探討如何成為一個有德行之人，因此筆者在倫理學的方面將以「德行倫理學」為範圍來做討論。

---

12 倫理利己主義（ethical egoism）：指一個道德上對的行為，就是該行為最終整體結果是對行為者最有利。

13 效益主義（utilitarianism）：一個道德上對的行為是指在所有可能的選項中，能夠達成整體最佳結果的行為。

14 林火旺，《倫理學》，台北市：五南出版社，2004 年，頁 43～99。

15 林火旺，《倫理學》，頁 167。

第二章　趙雅博的倫理學背景

　　在開始探討趙雅博的倫理學之前，要先對趙雅博有所認識，本章將介紹趙雅博之生平與其倫理學的背景架構，以便讀者在後續章節可更快掌握其倫理學立場與主張。

第一節　生平

　　趙雅博[1]，本名趙清宇，曾有筆名：曉星、警雷、寒流，[2]聖名為伯多祿，早期英文名字使用 Chao Ya-po，後來改為 Albert Chao。生於主後 1917 年 4 月 13 日[3]，1954 年 11 月來台，於 2015 年 12 月 3 日安息主懷，河北省望都人，

---

1 趙雅博生平中重要的年表，筆者將於本論文註釋圖表處呈現。有報導趙雅博的新聞曾說趙雅博「曾登錄世界名人錄」，但筆者沒找到趙雅博神父的資料，倒是有找到也是名為 Albert Chao 的美國西湖化學執行長，為「富比世（Forbes 篇）」富豪榜上的華人，這位 Albert Chao 國籍也是台灣，因此筆者認為可能是將此人與趙雅博神父混淆。報導趙雅博登上世界名人錄的報導：https://www.epochtimes.com/b5/11/2/2/n3160560.htm

2 此資料為國立台灣文學館資料：http://www3.nmtl.gov.tw/Writer2/writer_detail.php?id=2162

3 一般資料為 4 月 13 日（該資料為內政部總統褒揚令資料（行政院第 3488 次會議民國 105 年 2 月 25 日討論事（四）褒揚臺中市私立衛道高級中學故前校長趙雅博先生案。）與國立台灣文學館的資料，但內政部資料為民國 9 年（1920 年）出生，趙雅博的《中外特殊倫理學》一書中有提及自己為 1917 年生。也有資料為 4 月 19 日，若以「耀漢小兄弟會」的資料為 4 月 19 日。筆者採用 1917 年 4 月 13 日生為主。輔大哲學系系友公告的「耀漢小兄弟會」消息為：「耀漢小兄弟會會士趙雅博神父（聖名伯多祿）慟於主曆二〇一五年十二月三日晨九時四十分，因病逝於台中台安醫院（雙十分院），蒙主恩召。距生於一九一七年四月十九日，享壽九十九歲。趙雅博神父生平事略趙雅博神父（本名趙清宇），原籍河北省望都縣傅家莊，主曆

祖籍中國，但國籍為阿根廷，生於天主教家庭，幼年受洗，於 1943 年加入雷鳴遠神父所創辦的「耀漢小兄弟會」，成為會士，取名為雅博。1949 年畢業於北平輔仁大學中文系，並於 1952 年取得西班牙馬德里大學哲學博士學位，1955 年返國，曾任師大、輔大、文化、國防大學教授及國防研究院講座教授，擔任過國立政治大學哲學系創系系主任、衛道中學校長。[4]曾赴阿根廷與越南，並任阿根廷首都大學的研究員與教授及薩瓦爾多大學遠東學院院長，越南西貢大學擔任教授。

　　輔仁大學哲學系月刊《哲學與文化》（A & HCI）的前身為《現代學苑月刊》（1964／04～1974／02，由輔仁大學羅光校長擔任發行人，項退結教授擔任社長及主編），而《現代學苑月刊》的前身為《現代學人季刊》（1961／05～1963／08），便是民國五十年五月由趙雅博與牛若望主教所創辦的刊物。[5]趙雅

一九一七年四月十九日生於天主教家庭。同年十二月二十一日領受洗禮，聖名伯多祿。神父自幼虔誠事奉天主，深受雷鳴遠神父感召，於一九四三年七月十三日加入「耀漢小兄弟會」取名雅博（聖大雅伯爾聖師）。趙神父一九四五年宣發初願，於一九四九年宣發終身願，但適逢大陸變色，于斌樞機主教在西班牙爭取到大學獎學金，派送多位年輕神父、修士及學生前往深造，為國家培育人才。趙修士與多位年輕神父和修士於一九四九年秋前往馬德里求學。雅博修士與同會宋稚青修士同去西班牙學習西語準備在大學進修。趙、宋二位修士由南京總主教于斌收為教區修士，於一九五一年商請馬德里宗主教 Leopoldo Eijo Garay 授予趙、宋二人司鐸聖秩。宗主教五月二十七日派其輔理主教 Jose Maria Lahiguera 祝聖趙、宋二人為司鐸。趙神父於北平神哲學院畢業，一九四九年畢業於北平輔仁大學中文系。一九五二年於馬德里大學考取哲學博士學位，一九五五年返國。先後在師範大學、文化大學、輔仁大學、國防研究院、政治大學執教，並曾於阿根廷首都救主大學、越南西貢大學擔任教授，並於阿根廷薩爾瓦多大學任遠東學院院長。神父於一九八〇年五月被選為耀漢會總會長直至一九九二年。一九八四年任衛道中學校長，於一九九五年退休。趙神父學識淵博，人們常稱之為「百科全書」，與之交談，他常侃侃而談。神父著作等身，由以哲學專長，出版三十餘種書。神父在教育與學術方面貢獻良多。神父雖然忙於教學、辦學，但對其修會會士生活，毫不馬虎，規規矩矩遵守修會會規。神父最近數年雖因年事已高，耳朵重聽，與人交談有所困難，但頭腦清晰，常有充滿智慧的高見，指出社會和教會中的應改革之點。神父靜養期間，虔誠祈禱，常與主契合，離世前片刻，還詢問護理人員他的「大日課經」在哪裡。最後幾天，因神父必須不時地接受抽痰，不得已送往醫院照護，十二月三日晨在醫院安詳地離開世界，由天使領之入天國。請求大家為他祈禱，早升天鄉，息止安所。耀漢小兄弟會謹識」https://fr-fr.facebook.com/1314fjuph/posts/1059599290750786/。國立台灣文學館對於趙雅博的資料：http://www3.nmtl.gov.tw/Writer2/writer_detail.php?id=2162

4　趙雅博，《中外特殊倫理學》，台中市：衛道高級中學，1995 年，作者介紹。

5　哲學與文化官方網頁月刊簡介：http://www.umrpc.fju.edu.tw/wordpress/；華藝線上

博也曾表示自己回國後，在學校教授倫理學，當時教育部希望他在電台中談論倫理學，因此趙雅博曾在教育電台，傳播中外倫理道德，該空中講堂後來也被新加坡電台拿去重複播放，趙雅博認為臺灣極需要倫理道德專書，甚至需要倫理學大全，才有辦法開發國家光明的前途。[6]趙雅博不只重視倫理學理論發展與教育訓練，更重視實踐於生活中，認為只有提升道德水準，社會才會更安定。趙雅博生平積極推行倫理道德教育，認為這是社會中不可或缺的一環。下面一節便是探討趙雅博的倫理學背景，其在天主教會裡所學習的倫理學系統與架構，形成其爾後對倫理學的立場與主張。

第二節　士林哲學的倫理學

在談論「士林哲學」（Scholastic Philosophy）[7]的倫理學時，必須先了解何為「士林哲學」，以便理解士林哲學的倫理學架構與體系。

一、士林哲學

先從「哲學」一詞說起，哲學是一種研究，早期的哲學如同科學一般，從亞里斯多德開始產生三個典型：是思辨的、是實踐的、是詩文的（有形式與規則的）。[8]倫理學不只是一門研究人類行為的一門學問，更重要的是一種實踐性的，如果只是把倫理學當作是學術的知識，則淡化了亞里斯多德對於倫理的主張，而僅僅以人類行為為主題，倫理學就不具有實際的意義。[9]直到 17、18 世紀的德、法、英國啟蒙時代興起，將哲學的範圍限縮為止，哲學都算是一種科學方式在進行研究的學科。[10]哲學與科學都是知識，其物質對象相同，研究主體也相同，但研究的面相卻不同，知識的最後解釋、理由、原因或原則等屬於哲學，科學則注意到現象。[11]「士林哲學」是西方中世紀時期的顯學，但因近代或當代哲學反宗教的情緒高漲，造成對於中世紀基督宗教有許多偏見與誤

圖書館的刊名沿革：http://www.airitilibrary.com/Publication/alPublicationJournal?PublicationID=10158383

6　趙雅博，《中外基本道德論》，台北市：正中書局，1994 年，自序。

7　又名為「經院哲學」（Scholasticism），當時認為哲學用來訓練神職人員的神學思想，將繁瑣抽象的議題拿來討論，故又有稱「繁瑣哲學」之貶義。

8　趙雅博，《哲學新論》（卷一），台北市：啟業書局，1969 年，頁 139～143。

9　John Finnis, *Fundamentals of Ethics*, Oxford: Georgetown University Press, 1983, p.1~3.

10　趙雅博，《哲學新論》（卷一），頁 155。

11　趙雅博，《哲學新論》（卷一），頁 182。

解，間接影響士林哲學，對其產生貶抑。[12]「士林哲學」拉丁文為 *Philosophia Scholastica*，*Scholasticus* 或複數的 *Scholastici* 是學者們或讀書人的意思，因此稱為「士林」，表示學院中的人們，顧名思義，「士林哲學」表示學院中學者們的哲學。[13]「士林哲學」誕生於中世紀的教會中，教會當時廣設「大學」（神學院），由各個修會培養教會人才，大學哲學教育變成為今天「士林哲學」的基礎。[14]士林哲學除了「大學」的環境為特色外，其討論原則也是另一種特色，「辯證法」為士林哲學在大學環境中的討論原則，即是希臘時期亞里斯多德所說的論辯與推理，將其方法融入大學授課方式中，因此士林哲學將許多希臘哲學的思想要素保留，甚至為了駁斥異端進而對阿拉伯哲學有所吸收，士林哲學更是具有猶太人的希伯來宗教在哲學與神學的探討中。[15]中世紀教會大學時常討論哲學與神學之間的關係，或用哲學解釋信仰。多瑪斯時代，士林哲學開始產生了系統典型的方法，屬於士林哲學神學的方法，共四步驟：一、陳述懷疑，二、問題概況，三、論題證明，四、最後的步驟——釋疑，而這套研究方法現今仍在許多課本裡出現。[16]趙雅博認為一個良好的哲學，有體系，但卻不一定是巨大體系，若不專心一志體系化，這樣的哲學有可能包含暴力與任意。而上述所說的良好哲學體系，趙雅博認為就是傳統哲學，也就是士林哲學，是從原則中找方法解決問題的體系。[17]關於士林哲學有三個不能混淆的特徵：一、天主教的，是由天主教神職人員所研究，討論教會有關的事；二、是傳統的，重視傳統，不太加增新真理；三、是集體的工作，集合修會與各時代學者之努力。[18]

---

12 鄔昆如、高凌霞合著，《士林哲學》，台北市：五南圖書出版公司，1996 年，序言頁 1。

13 鄔昆如，《士林哲學》，頁 3。

14 葛慕蘭，《西洋中世紀哲學史綱》，新北市：輔仁出版社，1977 年，頁 8。

15 趙敦華，《基督教哲學 1500 年》，北京：人民出版社，1994 年，頁 223。亦可參閱唐逸，《西方文化與中世紀神哲學思想》，台北市：東大圖書公司，1992 年，該書頁 115～120 為「阿拉伯與猶太思想的影響」，說明士林哲學的特色是由兩者影響而成。

16 趙雅博，《哲學新論》（卷二），頁 512。

17 趙雅博，《哲學新論》（卷四），頁 1443～1444。

18 筆者認為趙雅博所說「士林哲學」三大特徵是不變的，但是其特徵內容有些許改變，例如第一點的「由天主教神職人員所研究」，早期在台灣的發展是如此，但對於現今而言，「士林哲學」是天主教的這點無庸置疑，但研究者以不限制在天主教神職人員；至於第二、三點，較沒有增加其外延。趙雅博，《西洋哲學的發展》，台北市：台灣商務印書館，1970 年，頁 144。

二、倫理學

　　倫理學又稱為道德哲學，是傳統哲學中最後一門，目的在於研究人的自由行為。[19]在本論文第一章第四節研究範圍裡，已對於規範倫理學分類為三類，筆者也主張士林哲學屬於德行倫理學立場。傳統士林哲學的倫理學在討論的範圍上是跟隨著希臘哲學來進行，並加入了《聖經》的誡命當作其倫理的依據，可說是希臘哲學與希伯來信仰的融合。[20]在士林哲學的倫理學中主張「福德一致」，也就是要成為一個有「德行」之人要「習慣行善」之人。[21]在士林哲學的倫理學立場中「德行」的內涵較為簡單，就如上述所說「習慣行善」，士林哲學學者在此立場下有些許不同的解釋，故筆者將其意義整理如下：「德行是知性的特性，理性的能力，協助自身習慣時常行善，使人過著美善的生活。」也由此可見，士林哲學的倫理學就是德行倫理學，主張「行善避惡」的生活習慣與態度，並達到其目的「成為有德行的人」。在士林哲學倫理學的立場來說，宗教層面可以分成「信、望、愛」三超德，聖大額我略（Gregory the Great，590～604）稱為「德行」，後來被描述為三超德。[22]三超德中，「信」與「望」的對象都是上帝[23]，而「愛」的對象除了「盡心、盡性、盡意、盡力愛主你的神」[24]以外，還要「愛人如己」[25]，「愛」的對象不只是上帝還包含了人；而哲學有建立在斯多葛學派（Stoic philosophy）思想基礎上的四樞德（Virtutes cardinales），[26]「智、義、勇、節」，四樞德是其他德行的源頭，修習四樞德，習慣四樞德，要行出其他德行就較為容易了。[27]雖然說士林哲學的倫理學（又

19　趙雅博，《哲學新論》（卷一），頁 212。

20　鄔昆如，《士林哲學》，頁 66～69。

21　鄔昆如，《士林哲學》，頁 191。

22　（美）邁克爾・格拉茨（Michael Glazier）、莫妮卡・海威格編，趙建敏譯，《現代天主教百科全書》，北京市：宗教文化出版社，2012 年，頁 126。

23　鄔昆如，《士林哲學》，頁 191。

24　《聖經》和合本〈馬可福音〉十二章 30 節。天主教思高版〈馬爾谷福音〉十二章 30 節：「你應當全心、全靈、全意、全力愛上主，你的天主。」

25　《聖經》和合本〈馬可福音〉十一章 31 節。天主教思高版〈馬爾谷福音〉十二章 31 節：「你應當愛近人如你自己。」

26　四樞德的思想是建立於斯多葛學派「四倫德」的基礎上，並由亞歷山大里亞的克雷孟（又譯為克萊門或革利免，Clement of Alexandria，150～Ca.215）提出四個德行：「智義勇節」，而聖安波羅修（St. Ambrose，340～397）稱其為「樞德」（拉丁文表示樞鈕，cardinal），故現今稱為「四樞德」。邁克爾・格拉茨，《現代天主教百科全書》，頁 125。

27　鄔昆如，《士林哲學》，頁 191。

或說中世紀天主教的倫理學，以下簡稱士林倫理學）有著希臘哲學的倫理學（以下簡稱希臘倫理學）色彩，但在兩者倫理學上卻有著幾點差異，趙敦華提出五個面向，如下[28]：

（一）兩種責任觀：公民政治義務與個人道德修行

比起希臘倫理學來說，士林倫理學認為道德是基督徒在上帝面前應負的責任與義務，並非希臘倫理學認為的公民責任或義務。但在中世紀政教合一與分離的鬥爭過程中，吸收了許多希臘的政治學。

（二）兩種價值觀：現世幸福與來世拯救

希臘倫理學當中認為人生的價值觀在於現世，因此追求人生的幸福，期望實踐其幸福；而士林倫理學則在於基督的救贖，現世的價值是為了來世而預備的。但兩者之間的共同點為精神追求遠大於物質追求，推倡以理性壓抑慾望[29]的道德要求。

（三）兩種道德標準：理性主義與信仰主義

希臘倫理學以思辯追求真善的統一；而士林倫理學追求的是信仰上的絕對命令，與希臘倫理學的思辯追求有些許差異，當理性與信仰衝突時，士林倫理學必須選擇信仰。但後期的士林哲學倫理學不反對用理性來衡量、論證與表達道德準則。

（四）兩種人性觀：個人主義與集體主義

希臘倫理學的層面上總體而言，是偏向個人主義的，關心個人本性，偏向利己主義，而非利他主義；士林倫理學以上帝的名義取消了人在自然與道德上的不平等，並組織成教會，過著基督徒利他主義的集體生活。雖說基督徒是過著集體主義，但卻也保留了希臘文化的個人主義傳統。

（五）兩種道德情感：理性之愛與精神之愛

希臘倫理學的愛是缺乏內在性（以他人或世界為對象）與超越性（以天國為目標）的愛；士林倫理學的愛則是擁有超越性與內在性的，是出自於上帝「無私的愛」。

---

28 趙敦華，《基督教哲學 1500 年》，頁 65～70。

29 此部分採「慾望」而非「欲望」，有貶意。筆者認為中文「慾望」一詞表示過多的欲求或負面的欲求，可以說是超過基本需求的欲求，有貪婪及負面的意思；而「欲望」一詞表示欲求某需求，並無好壞之分。

　　筆者不完全認同趙敦華的分類方式，因為分類方式較為極端，有直接二分法的感覺，但由上述可見，士林倫理學雖然是吸收希臘倫理學而來的，但其演變已經成為新的一套倫理系統，是一套從信仰中誕生的倫理系統，這也是士林哲學倫理學有別於其他倫理學的一大特色。

　　十四世紀開始，多瑪斯的思想開始盛行於教廷中，多瑪斯的作品大多成為神學院的教科書，開啟了十四至十八世紀多瑪斯學說的黃金年代。[30]多瑪斯撰寫的《神學大全》（*Summa Theologica*）或《駁異大全》（或譯哲學大全，*Summa Contra Gentiles*）影響了整個天主教，更不用說多瑪斯的倫理學，亦被士林哲學倫理學給吸收。多瑪斯以前的士林哲學倫理學採用教父們（Church Fathers）的觀點，也就是教父哲學的倫理學，大多以新柏拉圖主義（Neo-Platonism）的奧斯定（Saint Augustine，354～430）為主。而多瑪斯有別於奧斯定，開啟了新的哲學與神學視角，採用亞里斯多德的思想當作其哲學基礎，來發展其哲學與神學。以下筆者概略地整理出多瑪斯的倫理學內容與特色：[31]

（一）人的行為都有目的，就是追求幸福

　　多瑪斯參考亞里斯多德的《尼各馬可倫理學》，「認為人的行為都有目的，就是追求幸福」，就是追求至善，但與亞里斯多德不同的地方在於多瑪斯認為上帝就是幸福本身，因此追求幸福就是追求至善，而至善就是上帝，且追求基督宗教的幸福表示不只在於今世的幸福，更令人嚮往的是來世的幸福，也就是上帝的救贖使人來世回歸天國的幸福。多瑪斯認為亞里斯多德的幸福是不完美的、暫時的、此生中所獲得的幸福，而要成為完美的幸福，只能在來世中獲得，也就是回歸天國享見上帝。[32]

（二）行為分為「人的行為」與「人性的行為」兩種[33]

　　「人的行為」是無意識的行為，像是生長、補充營養、消化；「人性的行為」則是指經過理智思辯後意志推動下所產生的行為。舉例來說，「飢餓」是「人的行為」，但因「飢餓」想獲得食物，就會產生「人性的行為」，如決定購買食物

30　羅光，《多瑪斯論文集》，新北市：先知出版社，1975 年，頁 45～46。

31　羅光，《多瑪斯論文集》，頁 255～287。潘小慧，《德行與倫理：多瑪斯的德行倫理學》，台南市：聞道出版社，2009 年，頁 28～32。

32　潘小慧，《德行與倫理：多瑪斯的德行倫理學》，頁 29。

33　趙雅博則是用「人的行為」與「屬人的行為」，「屬人的行為」與「人性行為」相同，因為較少學者使用「屬人的行為」，故筆者使用「人性行為」代替「屬人的行為」。

或偷取食物，最終經由理智思辨與意志推動而執行動作。故此不是所有人所產生的行為都是「倫理行為」，而是「人性的行為」中才有「倫理行為」之分。

（三）人意志的對象為「善」

可欲之謂善，人的「目的」都是可欲求的，由此可說，人的目的都為善，因此「人性的行為」主要以自身的善為目的，所以可以說人意志是傾向（或多或少地）至善的，人們渴望自己的行為是完美完善的，人有這樣的傾向至善與趨向至善的潛能。對多瑪斯而言，如果人追求的不是至善（絕對善），而是自身的善（相對善），那便是追求「惡」了。

（四）習慣行善──德行

多瑪斯認為人如果要達到幸福──與神同住天國，在金生必須開始努力，也就是努力追求善，且是至善，人必須要行善，才有辦法達到至善。多瑪斯認為追求至善與行善是可以習慣的，藉由「習慣」可以避免人行自身的善（相對善，也就是惡），使人與神合作達到「習慣善行」。「習慣善行的行為」就被稱之為「德行」，多瑪斯將德行分為「本性」與「超性」：而倫理之德屬於「本性」，分為智、義、勇、節四種；將「超性」分為信、望、愛三種。筆者引用潘小慧的圖表分類，將更明顯的說明德行的種類：[34]

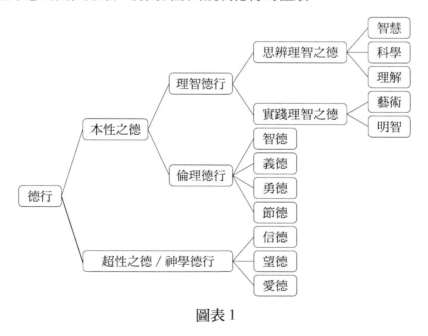

圖表 1

---

34 潘小慧，《多瑪斯倫理學的當代性》，台北市：至潔有限公司，2018 年，頁 246。

本論文主要探討「本性之德」中的「倫理德行」，趙雅博的「基本倫理學」理論當中，尤其重視多瑪斯「智義勇節」四德行，又稱為「四樞德」。

（五）四樞德

多瑪斯大量探討「四樞德」的內涵。智德、義德、勇德、節德四種倫理之德，被稱為「四樞德」。智德，使人實踐理性思辨，都能辨別善惡，以適當的方法，實現善行。義德，使人有公正的意志，選擇善行。勇德，確保人在困境中充滿毅力，在危難當中仍堅定地追求善行。節德，調和人的理性與感性，使人能平衡生命。

（六）律法分類

多瑪斯將律法分成永恆法、神啟法、自然法、人為法四種，前三者皆直接來自上帝，後者來自人模仿前者而產生。律法的用意為讓人習慣各種道德規範，使人能行善避惡。永恆法即上帝本身；神啟法為神啟示的律法；自然法為神放在人心中使人能「行善避惡」的天性；人為法則是人模仿上帝的律法所衍生出來白紙黑字的道德規範。

概略地談完多瑪斯的倫理學，多瑪斯的倫理學主張也從十三世紀開始影響士林哲學倫理學。十四世紀開始的文藝復興運動與十七、十八世紀歐洲的動盪及科學與工業的興起，造成當時學派之間互相爭鳴，人文主義與啟蒙運動使神本主義的社會轉向人本主義，十八世紀康德義務論倫理學的出現，衝擊士林哲學倫理學，造成教廷的權力沒落，多瑪斯學說也逐漸轉為只有某部分的學校在研究。直到十九世紀教宗良十三世（Leo XIII，1810～1903）極力推倡多瑪斯學說，成為「士林哲學復興運動」，形成「新士林哲學」（Neo-scholasticism）的興起。[35]

1879 年 8 月 4 日教宗良十三發表《永恆聖父》（Aeterni Patris）通諭，主張哲學對於信仰之堅固的重要性，且該通諭論多瑪斯為天主教哲學與神學的偉大導師，提出「『哲學』即熱忱地保護那由天主所傳授的真理，並反對那些膽敢攻擊真理的人。」[36]說明哲學對於信仰之幫助，教宗良十三主張多瑪斯為

---

35 羅光，《多瑪斯論文集》，頁 49～50。

36 《公教會之信仰與倫理教義選集》將 Aeterni Patris 通諭翻譯為「永遠之父的」，潘小慧譯為「永恆之父」。而同為輔仁大學著作編譯會在 1996 年所出版的《神學辭典》第 866 頁翻譯為「永恆聖父」，筆者認為「永恆聖父」的翻譯來的比「永遠之父的」的翻譯還要文雅與到位，且淺顯易懂，故筆者認為採用「永恆聖父」為《Aeterni

士林哲學的權威，應復興多瑪斯之學說，並與社會及科學一同發展。良十三希望藉由哲學當作基礎將信仰推廣出去，才有辦法使社會得益處，且處進科學的發展，更重要的是為了天主教會的信仰之保護與榮耀。[37]在此教宗良十三開啟了新士林哲學的發展，將科學與哲學結合至信仰中，在哲學中更加以多瑪斯的學說為主，推廣士林哲學的另一個高峰——新士林哲學。或許十九世紀末新士林學派和新多瑪斯學派的背後推動力除了良十三以外，最大來源是魯汶大學的「中世紀哲學」教授烏爾夫（M. de Wulf，1867～1947），其主張十三世紀完成的士林學派共同學說、亞里斯多德哲學與基督宗教教義的綜合，主要出自多瑪斯的思想，簡言之，烏爾夫認為多瑪斯是新士林學派的主要成份。[38]而新士林哲學倫理學與士林哲學倫理學之內容並無太大差別，良十三世推動的新士林學派本質上是基督徒的亞里斯多德主義，重拾士林學派大師多瑪斯採用過的亞氏方法，就能釐清信仰與理智、本性與恩寵間的混淆，將此「新」的方法引進了天主教神學與哲學，相較於傳統士林哲學，新士林哲學更多的運用多瑪斯的觀點與理論。二十世紀新士林哲學學派的知識論方面也受到極大的挑戰，在知識論上面分裂成幾大學派，且無法協調。[39]

　　梵諦岡第二次大公會議（簡稱：梵二，1962～1965 年）時，新士林哲學學派在天主教神學中已不再佔優勢，但因新士林哲學中多瑪斯學說獨特風格的神學與哲學，使新士林學派在天主教神學與哲學中仍具有影響力。[40]基本上在梵二前的士林哲學倫理學與新士林哲學倫理學差別只在於多瑪斯思想的多

Patris》通諭之翻譯最為恰當。輔仁大學著作編譯會，《公教會之信仰與倫理教義選集》，台北市：光啟文化，2013 年，頁 990。輔仁大學著作編譯會，《神學辭典》，台北市：光啟出版社，1996 年，頁 866。潘小慧，《台灣新士林哲學的倫理學發展》，台北市：至潔有限公司，2020 年，頁 5。

37 輔仁大學著作編譯會，《神學辭典》，頁 991。

38 輔仁大學著作編譯會，《神學辭典》，頁 865～866。

39 此處指吉爾松（E. Gilson，1884～1978）、瑪里旦（J. Maritain，1882～1973）和馬雷夏（J. Maréhal，1878～1944）三人的知識論一直無法取得協調。輔仁大學著作編譯會，《神學辭典》，頁 866。二十世紀受到多瑪斯影響的不只是新士林哲學學派，超驗多瑪斯學派（Transcendental Thomism）的興起，也是因為多瑪斯對於知識論的影響，超驗多瑪斯學派的代表人物有：馬雷夏（Joseph Maréchal，1878～1944）、拉內（Karl Rahner，1904～1984）、高雷特（Emerich Coreth，1919～？）、朗尼根（Bernard Lonergan，1904～1984）等，該學派與康德學派及現象學學派交談，在學術上有重大的表現，並對當代天主教神學與哲學有著深遠的影響。關永中，《知識論——古典思潮》，台北市：五南圖書出版社，2000 年，頁 388。

40 輔仁大學著作編譯會，《神學辭典》，頁 865～866。

寡，但梵二後有所不同，筆者整理梵二大公會議上天主教對於倫理學的改變，認為關注主要轉變到自由與權利上，自由與權利的議題像是討論宗教自由、天主教學術自由、婚姻、禮儀、人權、反對種族歧視與本土化等。[41]其中學術的自由更是打破十九世紀以來多瑪斯為主的新士林哲學，主張多瑪斯固然重要，但並不表示全都要用多瑪斯的，換句話說，梵二以前新士林哲學的體系中，極為借鑒多瑪斯的哲學思想，現代的士林哲學在方法論上有不少的改變。梵二前天主教的神哲學家們都認為神學或哲學乃是一套眾所公認的知識，但梵二後的神學與哲學，在方法論上有很大的改變。[42]現代天主教哲學在方法論上倚賴德國觀念論（German Idealism）。之所以要有如此大改變之原因，是設法從超驗哲學（Transcendental Philosophy）和存在主義（existentialism）的觀點，而不從多瑪斯註釋者的觀點，來重新了解多瑪斯。[43]嚴格來說在梵二後的天主教倫理學還是守著多瑪斯的倫理學基礎，梵二後向外開放的教廷決定繼續沿用多瑪斯的倫理學理論，但認為多瑪斯不是界線，而是燈塔，希望善用多瑪斯的倫理學做主要原則，卻不是像以往一樣是教條式的，而是跟世界知識接軌的。[44]

　　梵二後，新士林哲學中的思想流派較明顯的區分出來。新多瑪斯主義就是繼承以往的士林哲學觀念，並嘗試融入於現代思想當中，馬里旦（Jacques Maritain，1882～1973）為代表人物之一；而另一個派別為融合康德思想的

---

41 《梵蒂岡第二屆大公會議日記》該書詳細記載梵二的討論草案與決案議題。費蓋（H. Fesquet）著，吳宗文譯，《梵蒂岡第二屆大公會議日記》，台北市：天主教華明書局，1979 年。《梵蒂岡第二屆大公會議簡史》一書則概略的談論梵二的內容，並無法看到太詳細的資訊。陳文裕，《梵蒂岡第二屆大公會議簡史》，台北市：上智出版社，1989 年。

42 鄭文卿，〈梵二以後的神學〉，《神學論集》，卷期第 33 集，台中市：光啟出版社，1977 年 10 月，頁 419～438。

43 〈梵二以後的基督論〉雖然該篇文章主要探討的是基督論，但筆者發現鄭文卿在該篇文章中討論的一部份也就是梵二後方法論上的改變，非常值得關注，該文章與同為鄭文卿所撰〈梵二以後的神學〉皆在探討梵二後的方法論：前者從基督論角度探討；後者從神學角度探討。而〈梵二以後的基督論〉又補足其先前所發布的〈梵二以後的神學〉點到為止的「哲學」部分。鄭文卿，〈梵二以後的基督論〉，《神學論集》，卷期 51 集，台中市：光啟出版社，1982 年 4 月，頁 49～69。

44 「修院所教的倫理學不是主要的，且是只為教會的」的議題是先從「改革倫理學教育——取消禁書目錄」之議題開始的，梵二探討並試圖改正修院因為禁書目錄問題，導致與全球科學或其他倫理學脫節，成為封閉只有教會內有效的倫理學。費蓋（H. Fesquet），《梵蒂岡第二屆大公會議日記》，頁 457～459。

「超驗多瑪斯主義」（Transcendental Thomism），[45]生卒於梵二前的馬雷夏（Joseph Maréchal，1878～1944）為該思潮的創始者，融合多瑪斯的精神與康德的方法，[46]並使該思潮於梵二後廣為人知。在臺灣除筆者所提及的新多瑪斯主義學者，如李震（本名：李振英）、趙雅博外；屬於超驗多瑪斯學派的有代表有：袁廷棟、孫振青、關永中與輔仁大學附屬神學院（今聖博敏神學院）的部份教授。[47]

探討完士林哲學倫理學的流變，接續要談論流傳到臺灣的新士林哲學的倫理學，承繼著哪些原則又新增哪些色彩，這些都成為影響趙雅博倫理學的思想基礎。

第三節　臺灣新士林哲學的倫理學

臺灣新士林哲學是臺灣富有特色的哲學學派，其最大的特色之一就是宗教與哲學的交融，天主教的教義在其哲學思想上流傳並融入社會之中，目前為天主教輔仁大學哲學系的特色。1961 年輔仁大學在台復校，第一個所創立的系所便是哲學研究所，輔仁大學為羅馬教廷在亞洲設立的天主教大學，輔仁大學哲學系致力於中華固有文化與西方基督信仰的融會貫通。輔仁大學是以天主教的「士林哲學」（Scholastic Philosophy）為研究起家，而新士林哲學在臺灣的本土化也成為了一個新的思想價值觀，融合了臺灣的文化價值觀與天主教哲學思想，將新士林哲學帶入另一個境界。至於「臺灣士林哲學」一詞，則是大陸學者樊志輝（1964～）、耿開君（1964～）兩位先行使用此語詞。[48]

在天主教輔仁大學「三知論」的辦學精神下，除了知物、知人、知天「三知」之外，所實踐的內容為用物、愛人、敬天，故三知為體，實踐為用，形成知行合一的教學理念。而在士林哲學的形式與內容架構下，其哲學是從「知識論」入門，逐漸進入「形上學」的「體」，但光是只有「體」的士林哲學就像是一套理論一般，並不落實到生活中，所以必須要有「倫理學」的「用」將

---

45 關永中，〈導言：超驗多瑪斯主義專題〉，《哲學與文化》，第 41 卷第 9 期 No.484，新北市：哲學與文化月刊雜誌社，2014 年 9 月，頁 1。

46 關永中，《知識論——近世思潮》，台北市：五南圖書出版社，2000 年，頁 88～89。

47 高齡霞，〈近五十年來台灣地區士林哲學之研究與前瞻〉，《現代哲學》，2005 年卷第 4 期，廣東：市：廣東哲學學會，2005 年 12 月，頁 118。

48 潘小慧，《台灣新士林哲學的倫理學發展》，頁 2。

其理論落實而不落空，形成哲學的「體」「用」，使理論與實踐在並肩發展，達致兩者合一。[49]趙雅博認為士林哲學的特色在於「心物合一，以心為主」，用哲學方法承認天主，士林哲學是對「唯心」與「唯物」都著手，要「心物兼治」，但士林哲學的特色是除了兩者之外，還需要有「神」，否則士林哲學不是一個完整的哲學，必須要有神學來輔助，才能更有系統性。能幫助理解「臺灣新士林哲學」一詞有兩者，一是用科學來理解，二則是用神學理解，神學也是士林哲學不可或缺的角色；[50]若缺少了神學的幅度，士林哲學就不再是士林哲學了，換句話說，臺灣新士林哲學延續士林哲學的傳統，也是一種基督徒哲學。[51]臺灣新士林哲學有趣的地方在於其系統來自於西方，一般來說會屬於西方哲學的部分，臺灣新士林哲學大多被學者歸類為中國哲學與天主教思想結合的「中國哲學」[52]，但也有學者認為是天主教思想本土化的「臺灣哲學」[53]，不管如何分類，臺灣新士林哲學可說是屬於東方的本土化哲學。上述的臺灣新士林哲學背景觀點，筆者整理出三點臺灣新士林哲學中倫理學的特色：一、該倫理學有天主教教義之參與；二、該倫理學為有系統的實踐哲學；

49　本論文著重於台灣新士林哲學倫理學之部分，尤其趙雅博之理論，知識論與形上學的部分由於內容廣泛，筆者只能點到為止。鄔昆如，〈台灣士林哲學──形上學〉，《臺灣士林哲學理論發展》，新北市：輔大書坊，2015 年，頁 5。

50　本論文第二章第二節有提及，自新士林哲學興起以來，科學便是一種輔助，尤其梵二後更加重視科學與哲學或神學的結合。何佳瑞主編，《臺灣士林哲學口述歷史》，新北市：輔大書坊，2015 年，頁 3～5。

51　在此處所指的「基督徒」為「廣義的基督徒」，包含了東正教、天主教與新教，而「狹義的基督徒」表示基督新教的信徒，筆者將樊志輝所指的「基督徒」理解為「廣義的基督徒」，表示士林哲學對基督宗教的影響性。樊志輝，《台灣新士林哲學研究》，哈爾濱市：黑龍江人民出版社，2001 年，頁 38。

52　耿開君在《中國文化的「外在超越」之路──論台灣新士林哲學》一書中主張「台灣新士林哲學」為「現代中國哲學」，早期台灣地區的學者並沒有這樣的稱呼，由方克立開啟了這樣的稱呼，故沿用至今；耿開君更在該書第 7 頁的地方指出羅光、趙雅博、李震及張振東的學術上為較明顯的士林哲學風格。耿開君，《中國文化的「外在超越」之路──論台灣新士林哲學》，北京市：當代中國出版社，1999 年，頁 5～9。

53　李世家在《近期台灣哲學》一書中，提及「台灣經院儒家哲學」，又稱「當代天主教儒學」，於該書第 15 頁主張「近期台灣哲學」為 1960 年後在台灣境內發展的哲學體系，其認為「當代天主教儒學」的開創者為羅光，而開拓者為錢志純、高思謙、傅碧瑤等人，至於趙雅博，李世家將其歸類為近期台灣的存在主義哲學學者，其所看到的面向為趙雅博研究存在主義的一面，與本論文較不相關，因此筆者只稍作提及。李世家，《近期台灣哲學》，台北市：林鬱文化，1992 年。

三、與臺灣的倫理道德有所結合。

　　若談論到臺灣新士林哲學研究倫理學的早期學者有高思謙（1906～1983）、羅光（1911～2004）、王臣瑞（1921～2013）、袁廷棟（1923～1991）、周克勤（1925～2007）、張振東（1927～2020）、鄔昆如、（1933～2015）、曾仰如（1935～1991）等人。[54]共八位具有代表性的學者，加上本論文的趙雅博，共九位。九位的特色在於都是受過天主教神學院正統的訓練，九位皆為天主教教友或神父，皆出過倫理學專書或教授倫理學。

　　一般而言，新士林哲學倫理學會討論幾項大方向的議題，筆者綜合臺灣新士林哲學學者的內容，整理如下：[55]善與惡、自由意志、行為、終極目的、道德律、良知與良心、德行、習慣、權利與義務、絕對的倫理原則。在基本士林哲學倫理學的內容探討大概可分為這十點來做討論，在此也大致上談論各點內容：

（一）善與惡

　　對於屬於德行倫理學規範的士林哲學倫理學，其倫理道德目的是要人性止於至善，善就是目的，而至善就終極目的。而「善」（good）的定義就是「可欲之謂善」，如本論文第一章第二節所談論多瑪斯的倫理學時有提及。士林哲學倫理學的基本規範就是「行善避惡」。[56]那「惡」為何？惡是善的欠缺，因人理智的欠缺所行的行為成為惡，惡不能獨立存在而是依附於主體，主體則為善，所以惡並不能消滅善，因為惡必須存在於主體，惡是主體的欠缺，也就是善的缺失。[57]人倫理的善惡取決於人自覺與自決的行為，[58]也是影響到人生中終極目的的問題，趨向人生終極目的者為善，而偏離者為惡。[59]每一個行為，

---

54 潘小慧，〈台灣士林哲學──倫理學篇〉，《臺灣士林哲學理論發展》，頁 51。

55 筆者參考台灣士林哲學倫理學學者們的寫作方式歸納而出這幾點，筆者將參考書目依出版時間做排序。周克勤，《道德觀要義（上中下冊）》，台北市：台灣商務印書館，1970 年。羅光，《實踐哲學》，台北市：台灣學生書局，1979 年。王臣瑞，《倫理學》，台北市：台灣學生書局，1980 年。張振東，《士林哲學的基本概念（三）》，台北市：台灣學生書局，1981 年。高思謙，《中外倫理哲學比較研究》，台北市：中央文物供應社，1983 年。曾仰如，《倫理哲學》，台北市：台灣商務印書館，1985 年。袁廷棟，《普通倫理學》，台北市：黎明文化事業股份有限公司，1989 年。（4）趙雅博，《中外基本道德論》，台北市：正中書局，1994 年。

56 鄔昆如，《士林哲學》，頁 189～190。

57 李震，《基本哲學探討》，新北市：輔大出版社，1996 年，頁 416～417。

58 周克勤，《道德觀要義（下冊）》，頁 123～124。

59 羅光，《實踐哲學》，頁 141。

若是缺乏善，是其缺乏使該事物成為該事物之存有的完整性，也就是不完美或不完全，即為惡。[60]就士林哲學而言主張善惡並不是來自於意志，因為意志的對象必定是善，無論哪一種善（物質的或精神的），[61]善惡是來自於行為本身，有些行為本身就是善，而有些本身就是惡，[62]而人有辦法分辨行為的善惡是因為上帝在人心中放置了道德律，使人透過內在倫理的良心可以分辨是非對錯，透過外在倫理的規範避免犯錯。[63]

（二）自由意志

意志（will）是一種理性欲望（intellctual appetite），[64]意志又被稱為理性之情有別於沒有理性成分的感官之情。[65]，意志是非物質的欲望能力，其對象為「善」，或者可以說是「更善」，意志在眾多善之中都有選擇的能力，但會選擇認為更好、更有價值的，[66]唯獨在「至善」（絕對善）的十全十美之下是無選擇的自由，因為選擇至善才能滿足意志的要求，其餘的萬物都是有缺陷的，故人面對有缺陷的萬物，意志是自由的，但自由不是意志本身，可做任何選擇。[67]人的意志自然的傾向於有意識的理性知識判斷之結果，而行使意志，便稱為「意願」（velle, to will），[68]然而「意決」（electio, choice, selection）是對意願的抉擇中做出選擇。[69]如前面所說，意志在選擇至善之外，是有自由的，而自由的意義就是能夠在理性知識下做出選擇，在兩種或多種的行動中由自己的意願做抉擇，由此看來自由有兩個條件：一為認識自己的目標，二為不受強迫所選擇。[70]意志的功能「意願」，又可分為數種：完全意願（Voluntarium perfectum）、不完全意願（Voluntarium imperfectum）、單純意願（Voluntarium simpliciter）、不單純意願（Voluntarium secundum Quid）、直接意願（Voluntarium

---

60 潘小慧，《多瑪斯倫理學的當代性》，頁 93。

61 袁廷棟，《普通倫理學》，頁 24。

62 高思謙，《中外倫理哲學比較研究》，頁 141～145

63 張振東，《士林哲學的基本概念（三）》，頁 35～36。

64 潘小慧，《多瑪斯倫理學的當代性》，頁 142。

65 周克勤，《道德觀要義（上冊）》，頁 218。

66 袁廷棟，《普通倫理學》，頁 12。

67 曾仰如，《倫理哲學》，頁 24

68 該書翻譯為「願意」，筆者認為較為通俗，採其他翻譯所用「意願」當作本論文之翻譯。高思謙，《中外倫理哲學比較研究》，頁 83。

69 「意決」為較學術的說法，通俗說法為決定或決意。周克勤，《道德觀要義（上冊）》，頁 218～219。

70 羅光，《實踐哲學》，頁 170～171。

directum）、間接意願（Voluntarium indiretum）、現有意願（Voluntarium actuale）、隱有意願（Voluntarium virtuale）、常久意願（Voluntarium habituale）等不同境遇之下的意願，[71]而意志的自由及意願的抉擇與行為的負責性緊密相連，是行為價值的基礎。[72]

（三）行為

倫理的關鍵在於「行為」，而行為分為兩種：「人性行為」（英文：human acts，拉丁文：*actus humanus*）與「人的行為」（英文：acts of man，拉丁文：*actus hominis*）。[73]先來討論後者，「人的行為」是一種自然的、無意識的、本能的活動，例如新陳代謝、生長發育、反射行為等生理現象；「人性行為」則為人之所以為人（man as man）的行為，是由理智認識目的，意志趨向的自由行為，這便屬於倫理範圍，且為倫理行為。[74]趙雅博則是區分為人的行為與屬人

---

71 完全意願（Voluntarium perfectum）指意願者完全清楚地認識、意識並同意執行其行為目的。不完全意願（Voluntarium imperfectum）指缺乏完全意願「完全認識、清楚意識、同意執行」三條件之一，又可稱為半意願。單純意願（Voluntarium simpliciter）指意願者同意內心無勉強的行為。不單純意願（Voluntarium secundum Quid）又名部分性相對意願，指意願者在某條件下所產生的意願行為。直接意願（Voluntarium directum）指意願者直接願意達到所願望的目的。間接意願（Voluntarium indiretum）意願者所願望的事物不是最後的目的，只是其達成最後目的之手段。現有意願（Voluntarium actuale）指意願者於此時此地產生意願行為。隱有意願（Voluntarium virtuale）指意願者內心有隱藏的意願，但欠缺機遇。常久意願等（Voluntarium habituale）指意願者早有某意願，且從未打消念頭。張振東，《士林哲學的基本概念（三）》，頁 42～44。

72 王臣瑞，《倫理學》，頁 49。

73 高思謙將 acts of man 譯為「人的活動」，將 human acts 譯為「人的行為」。高思謙，《中外倫理哲學比較研究》，頁 87；王臣瑞將 *actus humanus* 譯為「人的行為」，將 *actus hominis* 譯為「人的動作」。王臣瑞，《倫理學》，頁 23；曾仰如翻譯為「人性行為」與「人的行為」，雖沒給名詞的外文，但有清楚說明「人性行為」等同「倫理行為」，缺乏倫理性質的行為稱為「人的行為」。曾仰如，《倫理哲學》，頁 127；羅光將行為區分為「有意識的行為」與「無意識的行為」。羅光，《實踐哲學》，頁 161；袁廷棟則將行為分為「有意行為」與「無意行為」，與羅光雷同。袁廷棟，《普通倫理學》，頁 12～13；張振東清楚區分「人性行為」（*actus humanus*）與「人的行為」（actus hominis）。張振東，《士林哲學的基本概念（三）》，頁 38；潘小慧同張振東的區分。潘小慧，《德行與倫理：多瑪斯的德行倫理學》，頁 55。筆者一出版年份與翻譯方式將此整理為表單放在表格（一）的地方，請參閱本論文圖表處。

74 「倫理行為」與「人性行為」二詞為同義詞，可互相取代。潘小慧，《德行與倫理：多瑪斯的德行倫理學》，頁 55～57。

的行為，人的行為與動植物行為相同，時睡行等行為相同；屬人的行為，只有人有，比如理智行為與意志行為，而意志行為就屬於道德行為的層面，是倫理學要討論的方向。[75]人性行為必定都有目的，且是為了目的（尤其終極目的），換句話說人性行為是為了「善」及「至善」。[76]而行為又分成幾種，筆者用圖表對「行為」的不同狀況做區分：[77]

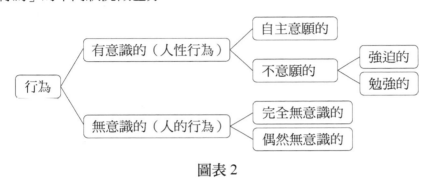

圖表 2

（四）終極目的

如同本章第三點所說，一切行為皆有目的，多瑪斯曾說：「宇宙間之萬物，各別為了自己的活動和完成而存在。」表示萬物以「自身的完美與完善」當作其目的，活動就是為了完成目的，沒有活動即沒有目的。[78]而每個目的都是一種美善（一般以「善」表示），所以絕對有一種至高無上的完美完善（又稱為「至善」），至善即成為了人的最終目的，故人的一切行為都會傾向於這絕對的終極目的，人的基本目的是追求幸福，即獲得美善並剷除醜惡，就這點來說，是人普遍追求的幸福，但如果此幸福是可懷疑的（假的）或會被破壞（中斷）的，那此幸福就不是最完美完善的，故必須有一個永恆的、無盡的真理讓人追求，就是人最高的幸福也就是人的終極目的，因此就士林哲學倫理學而言，這完美完善永恆的真理就是上帝本身，因為上帝就是至真、至善、至美，甚至至聖的，故此人最終極的目的，就是努力盡善盡美的追求上帝。[79]

75　趙雅博，《哲學新論》（卷一），頁 212。

76　善就是目的，至善為終極目的。曾仰如，《倫理哲學》，頁 107。

77　「有意識的」表示人性行為，也就是倫理行為；「無意識的」表示人的行為，「完全無意識」指生理方面，意識範圍外，「偶然無意識」表示發起時為意識外，但過後意識能加以支配，如生氣為意識外，但生氣後控制自己的脾氣為「偶然無意識」的行為。羅光，《實踐哲學》，頁 162。

78　周克勤，《道德觀要義（中冊）》，頁 99。

79　高思謙，《中外倫理哲學比較研究》，頁 132～140。

（五）道德律

在士林哲學的倫理學中，多瑪斯將法律分為四類：永恆法（*Lex aeterna*, Eternal Law）、自然法（*Lex naturalis*, Natural Law）、神啟法（*Lex divina*, Divine Law）、人為法（*Lex humana*, Human Law）。永恆法的特性是指以下三種：恆久不變、是所有倫理道德的最高原則，以及一切受造物皆受此法管轄。就永恆不變而言，永恆法在上帝之內，上帝的意志就是真理，所以不會有錯誤性，為所有法之上的法。自然法（又稱自然道德律）來自永恆法，因此自然法具備永恆法的某些性質，唯一不同的是自然法擁有「正確能有缺失性」，表示理性可能有判斷錯誤的時候，這個錯誤是因為人的不完美所造成，是一種缺乏，而自然法擁有「行善避惡」的原理為其原則，教導人追求完美完善，是上帝存放在人心中的。神啟法是指神為了助人獲得永生，藉著天啟所公布的法令，神啟法又細分為二：舊約法（*Lex vetus*）與新約法（*Lex novavel*，又稱福音法 Evangelical law），神啟法所指的是《聖經》中，上帝頒布給人，要人遵守的律法，對士林哲學而言，神啟法是人制定人為法時的範本。人為法（或稱實證法），即是人所制定出來的法律，可以說是白紙黑字的法律，多瑪斯認為制定人為法是必須的，在多瑪斯的觀點中認為如果沒有人為法，德行就缺少訓練，因為德行需要訓練與習慣，且法律可以嚇阻人去行理性所判斷錯誤的事。[80]趙雅博認為人有分別善惡的天性，自然能夠引導人自由行動選擇善行而獲得幸福。[81]

（六）良知與良心

「良知」（Synderesis）為希臘文 *Syneidesis*，「良心」（Conscientia）為拉丁文 *Conscientia*，兩者為同義字，字根 eidesis 與 scientia 皆為「知覺」，兩者泛指人在生活中的意識與自覺。「良知」就是「倫理秩序的第一原理的習慣之知（the habitual knowledge of the first principles of the moral order）」，簡稱為「自然道德律（自然法）的習慣（the habit of natural law）」；「良心」則是一種「行為」，而非能力，是表示「應用於個別情況的知識（knowledge applied to an

---

80 筆者碩士論文撰寫多瑪斯的自然法時，有提及多瑪斯其他三種法律：永恆法、神啟法、人為法。有些會將「神啟法」翻譯為「神律」、「神性法」或「神聖法」，筆者基於此法律概念為上帝啟示給予人類的法律，故稱「神啟法」能更加準確的把握此概念。劉沐比，《聖多瑪斯《神學大全》中的自然法》，天主教輔仁大學宗教研究所碩士論文，2016 年，頁 25、42～43、75。

81 趙雅博，《哲學新論》（卷一），頁 213。

individual case)」。[82]「良知」屬「第一原則」：在「知」方面是「不慮而知，故諸四海皆準」；而在「行」方面是「不論任何時地皆絕對地須遵行」。良知決定客觀的道德標準，與客觀道德行為。「良心」屬「第二原則」，即落實在具體時地之時當如何遵守：在「知」方面是須經歷「意識行為的道德價值」並下判斷與決定；而「行」方面則是因時地之差而有別。「良心」是主觀道德標準，因為決定的是主體具體的行為。[83]良知是客觀道德價值的標準，良心則是主觀道德價值的標準，是一種道德意識（moral conscience），兩者不同，不能把兩者混淆。[84]對於「良心」多瑪斯是如此補充，「良心」為心靈的一種指令；良心的運用有三種方式：第一為「良心作證」，良心使人承認曾做某事。第二為「良心鼓勵或約束」，是以良心判斷事情該不該做。第三為「良心批評」，指用良心對完成的事是好是壞，來做批判。[85]簡單來說，「良知」就是知道自然法並具備此能力的一種習慣，而「良心」則是指運用自然法來行事的行為，是自然法的具體應用。「良心」是可以錯誤的，因為其實踐在與理智的判斷，良心的判斷錯誤時常來自「無知」，而「良心」也有多疑的時候常以為自身的行為是錯誤的。[86]新士林哲學主張如果主體的「良知」認知以為是「善」的目標，但「良心」所做的行為是「惡的（壞的）」，而這行為是無法避免的且無過的，從主觀方面來說是有道德的，不過從客觀方面來說是錯誤的，以上是士林哲學家們認為如果「良知」判斷錯誤且「良心」去行使時，所產生「錯誤良心」的狀況，有時良心也會因為不確定行為是否合乎道德而產生「懷疑良心」。[87]上述描述眾多，可以簡單將「良心」來分類，如果說永恆法、神啟法與人為法為外在規律，「良心」就是自然法一樣是種內在規律，因此人在執行行為時，所有的規律來自於「良心」。[88]趙雅博認為若以善惡的實踐與規則方式來討論，規則的典範為：客觀稱為法律，主觀稱為良心。[89]人有道德良心，故可以實踐道德行為。[90]在

---

82 潘小慧，《多瑪斯倫理學的當代性》，頁 203～209。

83 袁廷棟，《普通倫理學》，頁 262～263。

84 袁廷棟，《普通倫理學》，頁 150。

85 多瑪斯・阿奎那（St. Thomas Aquinas），劉俊餘譯，《神學大全第三冊）》，臺灣：中華道明會、碧岳學社聯合發行，2008 年，頁 106～107。

86 王臣瑞，《倫理學》，頁 324～326。

87 袁廷棟，《普通倫理學》，頁 262～279。

88 羅光，《實踐哲學》，頁 244。

89 趙雅博，《哲學新論》（卷一），頁 215。

90 趙雅博，《哲學新論》（卷一），頁 213。

士林哲學的多馬斯學派當中，主張良知在基本原則判斷上，是不會有錯誤的，但部分士林哲學家認為良知是「揭露標準」，而不是「建立標準」。[91]

（七）德行

德行指「一種使人易於行善之習慣（Habits）。」德行是一種習慣，有別於不經思考的行為，德行是不易改變的性質，這個性質使人能夠行善，且使人樂於行善。德行是使人行善的習慣，與前述第 3 點的「行為」有所呼應，因為德行與人的行為有密切的關係。[92]多瑪斯認為德行包括感覺及理智二能力，在倫理生活中能起作用。多瑪斯把好的行為稱德行，壞的行動習慣稱毛病。德行也是「善用自由意志」，並「意謂著能力的完美，這些自然本性的力量稱為德行」，德行是靈魂內在的、精神方面的一種持久的能力，保證行善的恆常性。換句話說，各種德行都是由習慣組成，但並非習慣都是德行，德行是一種道德行為，包含德性（德性給予行善的可能性）與意志，除了有德性的傾向善之外，若沒有意志，縱然是合乎道德的，也不算是德行，故意志的參與對於德行來說相當重要。[93]德行的習慣為的是建立一種統一性，使人達到終極目的。[94]趙雅博認為善行稱為「德」，惡行稱之為「毛病」，以普通的德行來說有「四樞德」。[95]在士林哲學倫理學當中，德行可分為兩大類：「信望愛」的三超德與「智義勇節」的四樞德，前者屬人與神之關係，後者屬於人與人之關係。[96]就士林哲學而言，德行可區分為「先天」與「習得」：「先天」乃屬人的理性，比如人有自然法所以能「行善避惡」，不須學習；後天為「習得」，指後天鍛鍊與習慣而修成，比如人的不輕易發怒的自制力。[97]

---

91 袁廷棟，《普通倫理學》，頁 150～151。就趙雅博而言，因為人有良知（Synderesis）才能判斷善當行惡當避，可以說趙雅博是偏向良知是建立標準的這個派別。趙雅博，〈倫理學：智德的必要性〉，《哲學與文化》，第 14 卷第 3 期，新北市：哲學與文化月刊雜誌社，1987 年 3 月，頁 65。

92 曾仰如，《倫理哲學》，頁 275～276。

93 德行與德性是不相同的（雖發音相同），因此在翻譯上有許多人將兩者互換，實然則為不同。德行涵蓋德性，德性包含在德行內，德性屬於讓人有善傾向的性質，而德行則是德性發出向善的傾向時，意志選擇善的行為，並習慣於行使好習慣（善行為），才稱為「德行」。高思謙，《中外倫理哲學比較研究》，頁 233～238。

94 袁廷棟，《普通倫理學》，頁 281。

95 趙雅博，《哲學新論》（卷一），頁 215。

96 在本論文第三章會特別提出四樞德的各別意涵，至於三超德教義與神學意涵較多，故本論文除必要外不特別談論。

97 張振東，《士林哲學的基本概念（三）》，頁 64。

（八）習慣

習慣（英文：habit，拉丁文：*habitus*，又可稱為習性）一詞來自拉丁文的動詞 *habere*（to have），具有「持有」、「擁有」或「佔有」之意。[98]習慣是經過多次同一動作所形成，使人在行為上產生一種傾向，傾向善，則為德行，向惡，則為惡行。[99]習慣可分為性質與行動兩方面，性質上而言就是習性，屬於本質的習慣，比如健康；行動的習慣則是習慣這些動作，使官能傾向的行為，比如彈琴。而本質的習慣會決定官能的習慣使人照固定形式去動作。[100]習慣也可以分成三種來源，有「先天的」、「後天的」、「神賦的」三種習慣。「先天的」表示與生俱來的習慣，像是人使用理智思考、追求幸福的習慣，就是先天的；「後天的」指從努力中學習而獲得，是人非天生的習慣，如運動、讀書等，但也包含負面的習慣；最後「神賦的」習慣又稱「超自然習慣」，人無法獲得，乃是神給予，如信仰與宗教知識。習慣也有分自願與非自願兩種。習慣是種依附體，必須有主體（人）的寄託，才行使，習慣可分為好與壞，好的習慣是使人為善的習慣，稱為「德行」；壞的習慣是使人為惡的習慣，稱為「毛病」、「惡習」或「罪惡」。[101]

（九）權利與義務

權利與義務可以說是新士林哲學後開始探討的問題，傳統的士林哲學較沒有此課題，當今社會更不用說權利與義務是基本的探討，新士林哲學在梵二後更是針對此點探討。權利拉丁文為 *Jus*，指「法律」與「權利」兩種意思，權利指倫理性不可侵犯的能力，可持有、享用並處置事務。義務拉丁文為 officium，有「責任、職責、本分」之意，義務指倫理性責任，要人「該作何事或不該何事」。因此權利與義務相關聯，如果有權利做某事，也要對該事有責任。[102]權利與義務是做人的兩個不可分割之條件，權利是建立於精神主體上的能力，義務是指執行或停止某行為的責任。[103]權利者是天賦的或合法取得享受某種利益之權利，權利是一種道義的能力，在自我享受之際，不容許他人侵

---

98 潘小慧，《多瑪斯倫理學的當代性》，頁 66。

99 張振東，《士林哲學的基本概念（三）》，頁 64。

100 高思謙，《中外倫理哲學比較研究》，頁 233～234。

101 曾仰如，《倫理哲學》，頁 154～155、273～275。

102 張振東將權利與義務歸類為特殊倫理學，與高思謙、趙雅博歸類為基本倫理學中四樞德裡的義德不相同。張振東，《士林哲學的基本概念（三）》，頁 106、114。

103 王臣瑞，《倫理學》，頁 303、314。

犯，而在我自身時為權利，在他人時則為義務，互不侵犯為我的權利與他人的義務。[104]

（十）絕對性的倫理原則

在士林哲學倫理學中，有絕對的道德原則，就因為要有絕對，才有辦法談倫理道德，否則倫理道德只會隨著時代改變，這樣改變的結果或許有天「行善避惡」的原則也被顛覆，成為「行惡避善」，如果只是相對觀念，倫理道德中的「善惡」便沒有意義，所以必定有絕對倫理。沒有絕對倫理，社會便不會有秩序，因為每個人都可以創造自己的倫理原則，即便是互相衝突的，故此絕對倫理原則確保了道德標準的普遍性，換句話說，在絕對倫理原則的普遍性也不會改變，雖然社會的制度可以改變，但不會違背絕對的倫理原則。[105]倫理的價值在於要求人去實踐，這種要求是絕對的，也就是要求人追求幸福，也是終極目的，雖然人有能力去忽略其目的而選擇別的目的，但終極目的還是在那不變。[106]當今的社會當中充滿了相對倫理的聲勢，絕對倫理開始成為弱勢，本論文所研究的趙雅博也認為倫理道德的理論與實踐都必須在絕對性的倫理學中才有辦法實踐，且現今相對倫理學中充滿了矛盾，對於此矛盾，趙雅博如此諷刺：

> 啊！人類真是奇怪而可笑，一方面主張倫理道德的相對性，而另方面又承認這樣的主張，乃是絕對性的。[107]

以上為新士林哲學談論倫理學時的一些基本倫理學理論與思想，臺灣新士林哲學倫理學（以下簡稱為：臺灣新士林倫理學）大多是與新士林哲學倫理學一樣本於多瑪斯的倫理學基礎上所發展出來的，而臺灣新士林倫理學與新士林哲學倫理學主要的差異之處在於臺灣新士林哲學三個基本的特點：現代化、科學化與本土化，又以「本土化」為核心發展。[108]

「本土化」使臺灣新士林倫理學吸收更多臺灣主流的倫理道德傳統，而臺灣普遍的道德觀來自於儒家哲學中的倫理道德，故此在與當地道德觀融合的

---

104 高思謙，《中外倫理哲學比較研究》，頁 263。

105 羅光在該書中運用「天理」一詞形容上帝的意志，「天理」也就是永恆法，故士林哲學倫理學的絕對原則為至善本身，也就是指上帝。羅光，《實踐哲學》，頁 198～211。

106 王臣瑞，《倫理學》，頁 175～176。

107 趙雅博，《倫理道德教育與性教育》，台北市：台灣書店，1993 年，頁 11。

108 潘小慧，《台灣新士林哲學的倫理學發展》，頁 6。

臺灣新士林倫理學，其倫理學自然而然的會加入儒家的道德思想當作融入該地區的後盾，以便實踐臺灣新士林倫理學的時候，可以更容易的融入該地區的價值觀。士林哲學倫理學與中國哲學「知行合一」的倫理實踐觀相同，故臺灣新士林哲學汲取中國儒家倫理學的精華與長處，並強調中國儒家倫理學與新士林哲學倫理學的融通，早期臺灣新士林倫理學學者們對於中國儒家的倫理觀表示肯定與認同，雖說是兩者體系的融合，但臺灣新士林倫理學的原理還是以天主教倫理學為主，其次加入儒家來做本土化的補充。[109]例如羅光、曾仰如、周克勤、王臣瑞等人的倫理學專書，在其探討士林哲學倫理學的同時，或多或少的加入了儒家的引文當作例證，本論文探討的趙雅博也是如此，在其《中外基本道德論》一書中，更是使用儒家思想當作其臺灣新士林哲學倫理學的輔助，但其寫作技巧不像其他學者使用混搭的方式來穿插，趙雅博在該書中寫作方式喜歡中式西式先分開來說，最後才中西並用，在本論文第三章的部分，可以明顯看出趙雅博的倫理學風格，並為他的倫理實踐打下別有一番風味的理論基礎。

　　因此可以說臺灣新士林倫理學是以天主教教義與倫理學為原則，並吸收中國哲學中的儒家倫理思想，發展成屬於自己的特色，而趙雅博便是處於這樣的學習環境中，建立起其倫理思想，趙雅博的倫理學雖有儒家色彩，但仍不偏離士林哲學的原理原則，在後續探討趙雅博的倫理學理論時，可以明顯的看出這樣的特色，利用士林哲學的倫理學當作基礎探討議題，並用儒家倫理學來做其補充。

　　臺灣士林倫理學是士林哲學形上學的實踐層面，故此臺灣士林倫理學並不只是提出想法或解釋理論，更重要的是將這些理論實踐於生活當中，是一種實踐的倫理學。趙雅博除了探討理論以外，更重要的地方在於其對倫理教育的研究，若說前面的學者在確立理論並與儒家融合，那趙雅博就是實踐這些融合後的理論，並將其帶入生活中，這是趙雅博所偏重的地方，也是本論文的重點之一：實踐於生活中的倫理學——特殊倫理學。本論文第二章對於趙雅博生平與其思想背景大致上介紹過後，可以瞭解臺灣新士林哲學倫理學的特色，接續

---

109 羅光對於儒家的評價為：「我以為儒家的態度是對的；人生求學，不應僅為求知，應該求知以為行。」高思謙如此看待儒家倫理學：「儒家思想在理性方面所建立的原理原則，在大體說來與天主教的道理相符合。儒家建立起這樣的倫理道德，是很難能可貴的。」潘小慧，〈台灣士林哲學——倫理學篇〉，《臺灣士林哲學理論發展》，頁 68～73。

要仔細的探討趙雅博的思想，從他的著作來探討本論文第三章與第四章的內容，從中看出趙雅博從臺灣新士林倫理學中傳承與衍生的內容，並其實踐理論的教育方式。

第三章　趙雅博的基本倫理學

　　筆者在本章主要以趙雅博《中外基本道德論》當作其倫理學理論架構，來說明其倫理學風格與爾後對倫理實踐的影響。在這裡要來討論「倫理」（ethics）與「道德」（morality）兩個字，筆者在本章的標題為「基本倫理學」與趙雅博的「基本道德論」在用詞上不同，在西方倫理學研究中，有些哲學家將兩者加以區分，但最普遍的用法是將這兩個詞視為同義詞。[1]趙雅博在使用倫理與道德時，確實沒有區分開來，而是穿插使用，故筆者將本章標題訂為「基本倫理學」，表示「基本倫理學」與「基本道德論」互為通用。趙雅博曾解釋「道德」，認為道德是一種良好的習慣，這種習慣最終能使人找到幸福。[2]

第一節　基本倫理學——仁與四樞德

　　趙雅博的基本倫理學概念在其《中外基本道德論》[3]一書中可以清楚看到，故要討論其倫理學理論應該從《中外基本道德論》開始解析。趙雅博的《中外基本道德論》除序論之外共分為十章。在該書中趙雅博時常使用亞里斯多德、奧斯定與多瑪斯的思想當作基礎，也就是新士林哲學所走的路徑，趙雅博尤其喜愛用多瑪斯的理論來解釋四樞德的部分。基本道德談論四樞德（智義勇節）之外，趙雅博更是加入了「仁」的道德觀念，當作基本道德的聯

1　林火旺，《倫理學》，頁 11。
2　趙雅博，〈道德與幸福〉，《鵝湖月刊》，第 7 期，台北市：鵝湖月刊雜誌社，1976 年 1 月，頁 39。
3　趙雅博，《中外基本道德論》，台北市：正中書局，1994 年。

繫，其認為由「仁」（愛）可以獲得其他德行。因此在《中外基本道德論》一書中，便以「仁」為首，貫穿智德、義德、勇德、節德等四種德行。趙雅博在書中每章的開始前，會運用簡短的描述來述說其要討論的主題。而在第一、二章討論「仁」與「智德」的部分，一開始會提出古今中外對於此概念的看法。第三到五章更是大篇幅的討論「正義」（義德）的問題；第六章也為了談論正義當中「反交換正義」的議題，另設一章「誹謗與誣衊」，探討其意義與影響。第七章用相當短的篇幅談論「勇」（勇德），篇幅短並不表示趙雅博不重視這個德行，而是這個德行較容易明白。第八章至第九章談論「節德」。最後以第十章為全書總結。趙雅博在探討四樞德各個德行的章節結束時會給予結論，來說明對於此種德行的觀點。除了理論以外，從篇章的長短來說可以看出趙雅博偏重談論「正義」與「節德」兩種四樞德的實踐，更是運用日常生活常遇到的情況來做討論與分析。以下筆者將分為五大部分討論，分別是：「論仁」、「論智」、「論義」、「論勇」、「論節」，首先先由「論仁」談起。

一、論仁

趙雅博這樣解釋「仁」字中文的意義：「仁，從造字來說，是人二，有二人，始能有仁的表現……仁為人之行為之總綱。」[4]趙雅博認為「仁」之概念可以分積極與消極兩個層面。仁在積極層面是愛人，包括了自愛與愛他人，因為真正的仁，也就是真正的愛，是從個人開始，外推至他人。仁在消極層面的表現則是忍耐。趙雅博從佛教觀點來看「仁字」，佛教佛典中，在中文大多譯為慈悲，自愛為基礎，運用八正道[5]修行。而不同於小乘的自主修行，大乘佛教的利他主義更是主張：一切眾生皆有佛性，慈悲（愛）應普及一切。[6]除了佛教的觀點外，趙雅博也說明中國哲學中各家對於「仁」的看法。[7]

4　《中外基本道德論》，頁 8。

5　八正道（āryāstāngika-mārga）的八個條目為：正見、正思惟、正語、正業、正命、正精進、正念、正定，是基本的佛法，乃是四聖諦中滅苦的道聖諦，指的是如何使煩惱的眾生，從苦惱和痛苦中出離。聖嚴法師，《八正道講記》，網址：http://book853.com/show.aspx?id=160&cid=91

6　《中外基本道德論》，頁 14。

7　趙雅博於《中外基本道德論》中對於「仁」字字義所參考的資料如下：

《禮記・樂記》：「仁以愛之。」

《禮記・經解》：「上下相親，謂之仁。」

《禮記・中庸》：「仁者人也，親親為大。」

從西方的觀點看「仁」字，可以有三個字來解釋仁：第一，人道（Humanity）。第二，愛（Love or Amor）。第三，仁愛（CHARITY）。一般來說，多使用最後一名詞，最後一詞來自拉丁文 *Carus*，與希臘文 *Caris* 同義，原始意義為吸引人的、中意的、貴重的，或可指以己為重、以人為貴等意義。[8]從西方的思想來看，斯多噶學派認為愛人乃是一種理智的、反省的感情，建立在人性尊嚴的基礎上。基督徒的仁愛觀則認為人雖然尊貴，但不一定值得愛慕，而是由於神讓人愛人，人才有辦法愛人，最終達到愛神。[9]如耶穌所囑咐的新誡命與保羅（聖保祿）所說的「愛的真諦」[10]。近代西方的哲學家利用哲學理論將愛中立化，逐漸不談論神的愛，而加強人類彼此之間的愛，從神本主義轉為人本主義。[11]

《說文解字・仁》：「親也。从人从二。」

《論語・顏淵》：「樊遲問仁。子曰：愛人。」

《論語・里仁》：「唯仁者能好人，能惡人。」

《孟子・告子下》：「親親，仁也。」

《韓非子・解老》：「仁者，謂其中心欣然愛人也。」

《墨子・經上》：「仁，體愛也。」

《墨子・經說上》：「仁：愛己者，非為用己也。」

《韓愈・雜著一》：「博愛之謂仁。」

《國語・周語下》：「仁，文之愛也。」

《莊子・在宥》：「親而不可不廣者，仁也。」

《荀子・大略》：「仁、愛也，故親。」

《新書・道術》：「心兼愛人謂之仁，反仁為戾。」

《春秋繁露・仁義法》：「仁者，愛人之名。」

《淮南子・主術訓》：「仁者愛其類也，智者不可惑也。」

《太玄經・太玄攡》：「理生昆群兼愛之謂仁也。」

8　《中外基本道德論》，頁9。

9　趙雅博提及基督宗教的愛觀之所以能建立，乃是來自於神，神使人可以愛人。《中外基本道德論》，頁13。

10　在基督宗教「愛的真諦」指〈哥林多前書〉十三章4～8節，而第8節只取前半段的部分，到「愛是永不止息（思高版：愛永存不朽）。」為止。《聖經》和合本〈哥林多前書〉十三章4～8節：「愛是恆久忍耐，又有恩慈；愛是不嫉妒；愛是不自誇不張狂，不做害羞的事，不求自己的益處，不輕易發怒，不計算人家的惡，不喜歡不義只喜歡真理；凡事包容，凡事相信，凡事盼望，凡事忍耐凡事忍耐，愛是永不止息。」天主教思高本〈格林多前書〉十三章4～8節：「愛是含忍的，愛是慈祥的，愛不嫉妒，不誇張，不自大，不作無禮的事，不求己益，不動怒，不圖謀惡事，不以不義為樂，卻與真理同樂：凡事包容，凡事相信，凡事盼望，凡事忍耐。愛永存不朽。」

11　《中外基本道德論》，頁14。

趙雅博認為「仁」字（仁愛）的實質意義為「屬於人的行為」，仁愛可區分為：物質仁愛與精神仁愛。物質仁愛：乃是在肉體、財務或其他物質方面，協助需要幫助的人，如救濟貧窮、救難醫病等；精神仁愛：精神仁愛又可分為三。第一，感情仁愛，滿足他人的感情層面的需求，如安慰他人、鼓勵他人等。第二，智力仁愛，教導他人知識，如認識真理、學習技藝等。第三，倫理仁愛，教導人走向行善避惡的路。[12]

對於趙雅博的「仁」或「仁愛」解釋到這裡有一點值得關注的地方，在本論文第二章時有提及「三超德」之概念，其概念包含「信、望、愛」。而在此趙雅博又提出「仁」字當作四樞德中必須有「行善避惡」的核心，[13]故此筆者在此認為「四樞德」與「三超德」之間的關係為「仁」，當四樞德為人與人之間互動的德行，三超德為人與神之間的互動德行，如同上述所說，基督宗教之觀點為「人可以愛人，乃來自神」，故神將「仁愛之心」放置人心中，使人可以愛自己與愛他人，而人也因此有辦法從「愛人」的層面超升至「愛神」的層面，所以三超德的對象為「神」，而其行為包含「愛」的德行，但此「愛」與趙雅博所談的「仁愛」又有不同之處，不同之處就在於對象。一個對象為人，一個對象為神。筆者認為趙雅博所提出四樞德的核心──「仁」（即仁愛），可以當作「四樞德」與「三超德」之間的橋梁。

對趙雅博來說，仁就是愛，「仁」字為二人，表示人與人之間的互動，即愛的表現，兩人相愛為友，故仁愛即是友愛。趙雅博主張愛是一種情感官能的行動，友愛是一種由理智意識到善，意志決定選擇，而情感將自己的作用，藉整個主體完全發揮出來的一種向善行為。[14]行為當中可以分為客體與主體的交互作用。客體是被愛的，客體可以是人、物、神（至善、幸福本身），客體願望人的「欲求」[15]。故輔仁大學創校宗旨「三知論」的實踐就是用物、愛人、敬天，體現「友愛」之精神，但筆者認為「用物」一詞若改為「惜物」似乎更能從字面上體現出「友愛」之精神與實踐。除了物以外，友愛的主體也能是神或人，人具有被善（幸福）吸引的欲求，而向這個目標前

---

12 《中外基本道德論》，頁 15～16。

13 《中外基本道德論》，頁 25。

14 《中外基本道德論》，頁 16～17。

15 趙雅博解釋「貪願」一詞為由客體所湧溢出的吸力，主體由客體的吸引而生出意向，客體因而成為主體追逐的對象。筆者認為使用「貪」字有貶義，稱呼「欲求」較為恰當，此觀點與趙雅博有些不同。《中外基本道德論》，頁 18。

進。[16]趙雅博認為友愛有一體兩面的面貌：一個是被動性，一個是主動性，其結果是主體與客體的結合，對於主體來說客體是被主體愛，客體屬於被動性，而主體主動去愛客體，主體屬於主動性。友愛亦有分成欲求的愛與慈悲的愛兩者。前者貪愛（欲求的愛）[17]實際上是愛自己之情，主體在本質上找自己的利益，這種愛只是為了快樂或在其中找到利益的緣故；而慈悲的愛，在本質上是不找自己的福利，而是尋找被愛客體的利益，客體對愛其者來說，本身就是有價值的東西，是能被視為目的，且能追求的對象。[18]幫助他人或敬畏上帝是出自於追求善，而不是要佔有別人或取得利益，所以友愛應該有交互性，友愛與仁愛應是雙方的，不能只是一面的。趙雅博如此形容「友愛」的層次：

> 友愛比貪愛與慈悲之愛的範圍更大，因為友愛是無私的愛，無私之愛由於沒有一種「還愛」，因此顯得更偉大，友愛具體地只能存在一個實體中，最少是在兩個愛者的實體中，兩位相愛者則須交融，交融有主動與被動，主動乃一種共同，被動乃是相似。友愛在人整能象徵化的成為一體而已，而不能將友愛本體化起來。友愛與任何一種愛一樣，是生於一種相似的，兩個完全不相似的東西是不能因愛而統一的。[19]

趙雅博接續認為孔子所說的仁愛是德的綱領，本身也是全德，這個與西方教會哲學家的主張相似。在孔子的心中，「仁」是所有德行的基礎，同時仁愛也是現在人修德的標準，人有了仁愛，就有了全德，仁愛也是德行之首，或者可以說德行之所以成為德行是因為有「仁愛」之參與，在此筆者認為「仁愛」就是在人心中一種「趨善避惡」的原則，換句話說，說「仁愛」為「自然法」也不為過。

中世紀士林哲學家們對仁愛主張：仁愛為德綱，在新約上一再強調：全部律法在於一個仁愛，上愛神，下愛人如己。如筆者前述「三超德」與「四樞德」的橋樑為「仁愛」，「仁愛」聯繫著德行之間的關係，更聯繫著人與上帝間的關係。仁愛為全德之聯繫，由於愛可以獲得其他一切德行，仁愛為一切德行的形

---

16 《中外基本道德論》，頁 17。
17 趙雅博在後面有提及「貪愛與慈悲之愛」，貪愛指的就是貪願的愛，筆者將此翻譯為「欲求的愛」。《中外基本道德論》，頁 20。
18 《中外基本道德論》，頁 19。
19 《中外基本道德論》，頁 20～21。

式與穩定。[20]

　　趙雅博主張：仁愛為德綱，仁愛為全德，仁愛為一切德行之首。至善為仁愛的終極。仁愛是將自己的實效，引進其他德行的深處，深入這一切德行，使他們趨向至善。[21]再次證明筆者所言，仁愛使人「趨善避惡」，且能「行善」為的是終極目的「至善」，而使人趨向善避惡的原則就是「自然法」，故筆者大膽的認為趙雅博所說的「仁愛」就是「自然法」原則。仁愛之德，自然生於人自己。[22]仁愛既然是屬於意志的一種行為，人的意志對於一件事的願望，不一定常是一樣的，並且也不一定是在一樣的程度上，意志有強弱之分，與肉體在一起，也能有慣性的造成，為此意志生出的仁愛行為，有自己的生命、進步與發展的。仁愛的進步，是由於意志的強烈意願，由於習慣性，一個仁愛的行為，一次一次加多，慣性自然越強。[23]仁愛的行為與其他德行一樣都需要去習慣，才可以更自然地實踐出來。仁愛的對象會有觀念上的差別，對信仰者來說，對象是神，也就是終極目的──至善。對一般人而言，仁愛的對象：首先是自己，也就是自身的善（主觀的善）。趙雅博認為人有向外的發展，將自身的生命擴展並與他人發生連結，這種連結的關係，在於「愛」，因為有「愛」，人不但為自己而活，也為了人與人共同的生活而產生倫理的生活。[24]

　　趙雅博認為友愛的黃金定律就是從人格自己的結合而得到啟發，愛近人如同另一個自己一樣。趙雅博再次強調仁愛之德，不但使愛與被愛的人結合統一，仁愛之德首先是使自己的靈肉結合與統一更進步與改善。[25]仁愛的秩序，除了神學與形上學肯定的至善以外，最先列入仁愛範圍的是自己本身。人應該愛自己的利益或自己在他人之先，然而不要誤解，這個愛的對象，是人的精神、人格和道德，趙雅博強調人不是愛自身的物質利益，應該要愛他們的精

20　《中外基本道德論》，頁 24。
21　《中外基本道德論》，頁 25。
22　《中外基本道德論》，頁 26。
23　《中外基本道德論》，頁 26。
24　趙雅博的書籍為了方便給讀者閱讀，有將一些著作集合或拆分成專書。筆者認為由於早期台灣學術界尚未有嚴格的學術倫理，故同作者在不同書籍可能出現內容是相同的狀況，甚至類似一稿多投的情況。趙雅博，《哲學新論》（卷四），台北市：啟業書局，1969 年，頁 1296～1300。同趙雅博，《西方當代哲學》，台北市：國立編譯館，1977 年，頁 506～510。
25　《中外基本道德論》，頁 27～28。

神利益超越自身的物質利益。

　　趙雅博主張仁愛有三種內在特徵：第一為幸福，仁愛為人類之最高德行，有此德行之人，在其內心中，常常充滿著喜樂。愛本身就是一種內在的開展，內在的湧溢，不只是一種快樂，而是比快樂更崇高，是一種幸福。人生的目的，在明德，在親民之外，是要至善，要止於至善。仁愛的第二種特徵是和平，仁愛是內在和平的泉源，仁愛使人有統一性而完整。仁慈是仁愛的第三種特徵，仁慈是一種同情心的德行，是自仁愛的啟發，而在愛的動中引入受苦的實在性，因此會產生惻隱之心。[26]

　　有別於三種內在特徵，「仁愛」在外在的效果。慈善為仁愛的外在效果，可分為肉體的與精神的。可歸為兩大項：一為濟貧，一為寬恕勸善。濟貧是一種責任，不應該作為自己野心的舉動。寬恕勸善是不念舊惡，不去計較，但不要以為寬以待人就是容忍人犯錯，而不去責善。責善並不是不寬恕，但責善要小心使用，避免人誤解。[27]士林哲學家都會主張任何罪惡，都是相反仁愛的。[28]趙雅博提出了幾點與仁愛相反的罪惡來探討，包含恨[29]、憂愁[30]、嫉妒[31]、不和[32]等都是與仁愛相反而產生出來的罪惡，也是導致人無法習慣「仁

---

26 《中外基本道德論》，頁 34～36。
27 《中外基本道德論》，頁 38～39。
28 《中外基本道德論》，頁 40。
29 恨是一種貪慾的動，恨有兩種：一是厭惡，可對人，可對物，認為他們對我們有害。一是仇恨，認為他是罪惡的，希望惡事降臨其身。厭惡反對欲求的愛，仇恨反對慈愛，而欲求的愛指向慈愛，自然厭惡引向仇恨。《中外基本道德論》，頁 41。
30 憂愁是一種情感，最不幸、災害的一種苦愁。憂愁來自他人的幸福或善事，那就是嫉妒。憂愁如果對合情合理的事情而發，並且這件事也不妨礙他的前進與努力，這種憂愁並不是什麼不好。《中外基本道德論》，頁 44。
31 嫉妒是一種對別人的幸福或善的憂愁，認為那是自己的不幸，認為減少自己的卓越，是直接與我有關。認為自己的卓越減小，對別人幸福憂愁，而視自己的不幸，有四種型態：一、看到別人幸福難過，那是害怕對自己或對自己的幸福有損，這憂愁來自害怕。二、看見變得幸福而憂愁，並不是因為他有這個幸福，而正是因為我們缺乏他所有的幸福，這憂愁是競爭，如果對象是正直之善，是可讚美的。三、人憂愁別人所有的幸福，是因為別人所有的幸福，這是我個人所願所需，而認為人不配得此，這憂愁來自不滿、不屑。四、是因為別人的幸福，超過自己的幸福，別人的卓越，超越自己的卓越，而減低了自己的光榮與卓越。
嫉妒是一種無順序的情感，嫉妒是願我在人之上，嫉妒會想減少他人光榮，暗的是怨尤，明的是毀謗；喜歡人遭到不幸；難過別人順利；最後是仇恨。《中外基本道德論》，頁 46～47。
32 不和是反對私人和平之罪，不和是直接反對和睦與意志的統一。不和睦的情形有

愛」的行為之原因。

　　趙雅博在論仁的部分，清楚說明了仁的性質，其認為仁可等同於愛，更認為「仁」為德行之首，若沒有仁的引導，其他的德行是不可能的，筆者認為可以直接把「仁」（仁愛）當作是「自然法」，就是上帝放在人心中使人「行善避惡」的原因。仁愛是人與人之間的相互性，最小的單位可至兩人，擴至家庭、社會與國家，甚至在現代是國與國之間都能適用。仁愛具有普遍性，因為人會愛自己，而愛自己是每個人都有的能力，先學會愛自己，在推己及人，這就是仁愛。仁愛既是內在性的活動，亦是外在性的行為。仁愛的內在性可以說是追求至善或幸福，是人的終極目的，是使人和平與仁慈的特徵。這些特徵都是需要習慣的，使人可以一再的發揮仁愛，對於他人的仁愛才會逐漸成長。仁愛是德行之首，是四樞德與三超德的橋樑，所以當人培養、習慣仁愛時，可以獲得其他德行，因為德行並不是一種內在行為而已，也是一種外在的行為，而有了仁愛當作德行的基礎，將內在與外在的德行連接起來，才可以繼續談論四樞德。

二、論智德

　　從第二節開始，要討論的內容涉及到四樞德，承繼新士林哲學的趙雅博，對於四樞德的解釋與參考多半來自於亞里斯多德、奧斯定與多瑪斯，尤其多瑪斯的影響甚遠，趙雅博會有許多的觀點沿用多瑪斯的論點。多瑪斯作為士林哲學的集大成者，以周詳方式與廣大篇幅面對並處理智德（prudentia, prudence）的課題，肯定它是理智的「明智」，更是四樞德之首──「智德」。智德好與其他三種樞德義德、勇德、節德並舉或連用，為倫理德行的「基本德行」（principal virtues）。[33]多瑪斯參考亞里斯多德曾在其名著《尼各馬科倫理學》（*Ethica Nicornachea*）一書提過的概念，提出對「明智」的見解，後來多瑪斯的新見解也被士林哲學所使用，而趙雅博也不例外的參考了多瑪斯對於四樞德的看法，本章書先要介紹的是四樞德之首的智德。

　　《中庸》對智德，稱之為三達德之一：天下之達德有三，智仁勇。仁已經在前面探討過了，現在來討論「智」的部分。

　　　兩種：一為反對真理之善，這是相反博愛之罪。一為對於某人的利益或真理的利益可同意或不同意，這是意見的不和睦。《中外基本道德論》，頁48。

33 潘小慧，《四德行論：以多瑪斯哲學與儒家哲學為對比的探究》，台北市：哲學與文化月刊雜誌社，2007年，頁4～5。

《爾雅・釋言》:「哲,智也。」

《釋名・釋言語》:「智,知也,無所不知也。」

知是自學而來,而智不必直接學習,智是一種對事理內蘊的深處看法,往往用「明智」來形容。[34]

趙雅博認為君子不只是學問知識,而更是立身行道,在這種情況下,智自然是一種基本道德,為其他道德之母,而其他道德要以其為判斷,為準繩。因此可說明智就是在道德判斷中做出正確的判斷,西方認為智德,是來自一種反省與回思的,是一種靈巧,是一種知與行。柏拉圖認為智德第一,智德是理性之德,是指揮之德。[35]而其學生亞里斯多德認為智德是屬於人之行為,而非技術行為,是一個屬於人的美好行為。智德乃是一個道德行為,是從其與人的最後目的之關聯而判斷的。智德理性的德行,明智之德的責任是在保證理智良好與正確的使用。

趙雅博認為智德是一個實踐理性的道德,指導人類行為,使之合於真理。智德的靈巧則在於尋找並將找到的方法付諸實踐,使其達到目的。智德不只在個人生活中應該有,並且在家庭生活中,社會生活中,政治生活中,也都應該有。智德上又有三種不同的德行,一個是使智德在行動上的思量能正確地(希臘文為 Eubulia)把握此詞的真義,運用於人類生活中,這是保證實踐理性行使判斷的正確性(稱為 Synesis 和 gnome),智德不是永遠為潛意識的心態,而是要從言行中彰顯出來。智德是一種成全實踐理性的習慣,使用命令方式,來正確的規定,在某種個案上,規定出正確的事與不該做的事。明智之德試論個案事實的特殊判斷,也就是此時地此情此境此事是不是該做的事情。明智之德的真名稱,乃實踐之德,這個在行事者身上是理智之德,而在行事上則屬於倫理之德。[36]

一般來說,意志是盲目的,沒有理智的指導,是不能選擇與做事的,並沒有理智的參與,情感也不會動。人的理智,能分辨真理與錯誤,人的行動,如果沒有理智認為這行為合於真理而去做,這個具有倫理道德的行為,不會是具有完整倫理性的。[37]藉著良知(Synderese),人才能判斷善當行,惡當避,

---

34　《中外基本道德論》,頁 51。

35　《中外基本道德論》,頁 54。

36　《中外基本道德論》,頁 55～60。

37　《中外基本道德論》,頁 60。

由於良知，人認識自然律的大原則，只是大原則也不夠判斷明確，因此人對每一個空前絕後的行為，自然要使用智德，指定選擇，因此行為的這一具體性，才使人看出智德的必要性來。[38]一、智德的基礎是在智慧之中，這是說智德有一種分辨的能力，可以看出其實際情況，判斷一個個案，排定一個行為。二、智德的基礎是在實踐智慧之中，不只是思辨的判斷，而是實際的，認知是為了工作。[39]

明智是比最實踐的知識更實踐，因為涉及到當下的判斷，也是智慧之德實在的嵌入行為中。明智，在行事的過程中，一定會與自己的欲求或意向能力緊緊連結在一起，並在抉擇中展現。明智是倫理道德，而不是一種專門技術或技藝；明智是靈巧，亦是產生和睦的根源。是一個工作的倫理性，是實踐的倫理性。明智之德，又可稱為中庸之德，不偏不倚之謂中，過猶不及。[40]

對趙雅博而言，明智之德可分兩類，一方面是具體的，日常與特殊的實在性。一方面是人生最後完整的目的。[41]如果德行不與智德連結一起的話，便不足成為德行，根據第二章對於「善惡」之看法：若沒有正確的判斷，即不完善的判斷，即惡的判斷。智德的完成伴隨著其他德行，智德與其他的一切總合於中庸，無中庸便不能稱為德行，即不偏不倚之謂中，過猶不及。[42]

智德較具體的表現──考慮，是思前想後，研究一切情形，比較，綜合，加以判斷。上述說過意志本身是盲目的，其趨向善，而避惡，意志只聽理智的判斷（故若理智將惡判斷為善，意志就會行使出自以為善，但實際為惡的行為），理智一方面要與道德的一般規律相比較，另方面也要與實在情況相衡量，理智將複雜的歸納一致，意志最終採取最好的方法執行，而理智的判斷與意志的抉擇都屬於智德的運作內。考慮的行為是策略的德行（Cubulia）。判斷根據亞里斯多德而言，有兩種德行，一種為一般案例下，稱為智力（Synesis）；特殊案例中則稱為上智（gnome），也就是上述所提及理性行使判斷的正確性。[43]

明智之德有三種行動：計畫建議、判斷與命令，人的行為為了行善，為了

38　《中外基本道德論》，頁 61～63。
39　《中外基本道德論》，頁 65。
40　《中外基本道德論》，頁 66～68。
41　《中外基本道德論》，頁 69。
42　《中外基本道德論》，頁 71。
43　《中外基本道德論》，頁 73～76。

做好，一定需要理智有德行的作用。趙雅博指出明智需要良好的教育，明智完美而和諧的完整教育，對於人類行為三個層面：意向、選擇與實踐，都需要明智的參與，故為此良好教育可以使人習慣明智的使用。[44]良好的教育除了讓人習慣明智的與用之外，也可以提升使用明智時的經驗，明智雖是先天的賦予，但也必須重視後天的學習，才能擁有其正確性。趙雅博接著提出，成為智者的第一個品質就是經驗，亦可說是適宜利用所獲得的經驗的合宜能力。因為只是生活，而不會統理經驗，不會生出原則，獲得明智就不容易了。人的智慧有限，不應該過度自恃，而應該謙遜，聽從比自己更聰明更有經驗的人的指導，也就是接受良好的教育。一個明智的人，也該有尖銳的眼光，一目了然事情的眼力，只聽別人的是不夠的，自己必須一下看穿人家意見的內容，擁有獨立思考的能力，同時還要有自己的睿智，有時必須要當機立斷，不可遲疑。明智者也該顧慮周詳。明智有賴於經驗、眼光遠與顧慮周詳，明智是先天賦予，也是後天練習所致。[45]重視倫理實踐的趙雅博認為社會的目的是追求「公益」，即全體利益，也是全體的幸福。在社會團體中，有兩個團體，是人必定要加入的，無法避免，那就是家庭和國家，這也是為何趙雅博在特殊倫理學特別提出「家庭」與「國家」來討論的原因之一。而家庭的公益並不是技術問題，父母要有教育的技術，但重要的是要有明智，父母要知道對自己的明智不等於對家庭明智，律己不等於治家；子女的明智，在於服從、尊長與服務和其他這類的道德上。國家的部分，趙雅博認為政治並不是純技術的東西，每個人都應該具有為國為民的明智道德，行政者不是為自己或為鞏固自身地位；每個在民主政治下的市民，都應該賦有政治的明智，也應該督促行政人員的明智，讓他們能真正的為國為民服務。明智之德，人人應有，最應該具有並謹慎執行的，是那些負有責任的成員領袖。[46]

相反智德的毛病與假的智慧，即反智[47]與假智[48]。反智的部分又分為輕

---

44 《中外基本道德論》，頁75。

45 《中外基本道德論》，頁78～83。

46 《中外基本道德論》，頁83～87。

47 反智乃是來自不同的情慾，是情慾讓人的理智昏迷了，使他丟失了推理的能力，反智又分為輕浮、欠缺思考、疏忽、無恆四種。筆者認為趙雅博在此所使用的「反省」應該是指下一段落所說的「反智」，推斷為趙雅博的筆誤。《中外基本道德論》，頁88。

48 假智與反智相同，乃是來自不同的情慾，是情慾讓人的理智昏迷了，使他丟失了推理的能力，假智又分為肉慾之智與狡猾兩種。

浮[49]、欠缺思考[50]、疏忽[51]、無恆[52]；假智又分為肉慾之智[53]與狡猾[54]兩種。以上相反智德的毛病與假智，會影響人在智德上的習慣，這些壞習慣也會使人的理智無法有好（善）的判斷，意志也會受到影響而無法做出好的選擇，故趙雅博在此提出這幾個相反智德的惡行出來，使人可以避免這些惡行影響人的德行。真正的智者，往往是大智若愚，真正的智者，乃是看著永恆。明智近乎智慧，能為人生大目的當心著意而運用明智者，才是真者。[55]明智之德是要人正確的由自己管理自己，現在人也知道，由於明智人可以正確的管理他人。雖然人不能確定明智的準確性無誤，但其重要性則是可以肯定的。[56]明智是一件很重要的事，無論對個人、對團體、對國家，都是如此。人應該修行這個德行，而善治自己，並引導他人。[57]

趙雅博認為明智是判斷一件事情的是非對錯，有時可以經由經驗慢慢去判斷，有時卻是要當機立斷，明智是每個人必須要有的德行，明智可以使人做正確的事情，有了明智，人也才有後續的行動。明智是先天人就具備的德行能力，使人能進行判斷與抉擇，明智更是需要後天的練習，避免選擇錯誤而犯錯。明智是其他德行要行動時的必要條件，沒有明智，人只是空有知識，或空有倫理，卻沒有去執行的能力，就實踐而言，明智可以讓人分辨是非對錯，去比較，去分析，使人在對的時間做出對的事情，而達到中庸。

---

49 輕浮指忘掉深思熟慮的人稱為輕浮，不大聽從人的建議，也不大警惕自己。《中外基本道德論》，頁 89。

50 趙雅博認為欠缺思考者，思考不周，乃是輕浮的近鄰。《中外基本道德論》，頁 90。

51 疏忽——形成輕浮與欠缺思考的原因。由於疏忽，人們疏忽了在判斷上的一切因素，因而失誤，因而推斷不正確。《中外基本道德論》，頁 91。

52 無恆的拉丁文是指在行動上，站在途中不再前行。趙氏認為屬於懶惰的型態，無恆指無嚴重理由放棄以往有根據、有理由的決定，筆者認為可以說是放棄思考的型態。《中外基本道德論》，頁 92。

53 又稱假的理智（假智），是實踐理智在此工作，但並不是一個正常順序，也不是一個正當的目的，在這種無倫理價值目的所使用的明智，就成了反明智（假智），用為不正當的事件已經不算是真的明智，雖沒價值，但對本人有某些利益。肉慾之智，就是欠缺有價值的目的，故看起來很像明智，實際上卻不是明智。《中外基本道德論》，頁 92～94。

54 趙氏認為有的時候，目的是好的，善也是真的，然而明智是假的，人應該稱為狡猾，狡猾為不太正確的東西，在方法上盡量避免道德上的錯誤，狡猾彷彿道德，實際上並不是那樣。《中外基本道德論》，頁 95。

55 《中外基本道德論》，頁 96。

56 《中外基本道德論》，頁 96～97。

57 《中外基本道德論》，頁 98。

三、論正義

對於正義的研究，趙雅博提出三點：一、正義的對象。二、正義與不正義本身。三、實際的判斷。在此章節趙雅博會對此一一討論與介紹。對於「論正義」，趙雅博花了大量的篇幅來探討「正義」的內容，《中外基本道德論》一書中〈論正義〉共有上、中、下三篇，上篇討論何謂權利，中篇討論正義與不正義的定義，下篇討論善惡的判斷，趙雅博在討論正義時，更多的利用現代的用語與議題來說明四樞德中的「義」。

「義（正義）」在士林哲學中，多瑪斯跟隨亞里斯多德的主張，並接受羅馬法學家的見解，界定「正義」為「一種將每個人的權利歸諸於每個人身上之恆常而不變的意志的習慣。」多瑪斯也提出了「正義」為「心靈中的正直」，表示人在任何情況之下都應該做其應做的事情。[58]身為新士林哲學學者，趙雅博也接受此看法，且趙雅博談論到「正義」時，更是放眼當時臺灣的社會，從人的「權利」開始說起。

權利是正義的對象。只有在整個行動中，人才能看清對象的實況。古人說：「劍士在競技場中才學會策略。」策略是在戰場中立刻決定的，是在此時此地，認為最合宜而應決定要採取行動的時候，才來決定的，時與地的環境，事會影響人的決定的。[59]正義的對象有權利與公正。正義之德與權利之間，並沒有必要的聯繫。而是在正義的行動與權利中，才有關連，就算人所做的事情，不是不公正或不正義，也是會損害到權利。正義是該賦予誰，就賦予誰的，並沒有問對象的意願，如欠債者還債，只要是還債的行為便是正義，不論如何方式還債的。在此多瑪斯認為權利是正義的對象的主張，是具有功勞與原始性的。[60]

中世紀的神哲學家認為這些德行（智義勇節）被冠上樞德之名，是因為其具有普遍性。因為在其他德行中都有這些德行的存在。一切有關人的德行，都有一個知識的材料，也有一個推理分辨材料：這就是智德——「明智」的部分。靈魂在其本質上就是推理的，有德行的做事，也就是說無論在什麼樣的慾望衝擊下，或者是在行為的困難與困惑中，靈魂依然堅定的維持在理性的條件中之意，而這個堅定性，乃是樞德中「勇敢」（關於「勇敢」在本章第四節之處會詳細討論）的結果。而樞德裡的「節制」（關於「節制」在本章第五

---

58 潘小慧，《四德行論：以多瑪斯哲學與儒家哲學為對比的探究》，頁 149～152。
59 《中外基本道德論》，頁 101。
60 《中外基本道德論》，頁 102。

節之處會詳細討論）反對著拖曳行為的約束，正如反對慾望的湧現一樣，這是為了保留著理智的尺量。最後是本節討論的「正義」在一切德行的活力中顯示出來，因為，人可以看見，一個有德行的人，無論在做什麼，不管對人或對事，都是恰如其分，正合其宜。[61]但從多瑪斯的觀點來說有所不同，多瑪斯對於上述傳統有些批判，認為這樣分別四樞德的方式是不足的，應該從每個德行的專有特點去尋找。如果要一個德行成為樞德，將它規範在一切德行共同堅強的習慣中，乃是不夠的，而是要指出一個堅強的典型，是在一種完全確定的範圍內，在立場上顯示出自己來。也就是尋找四樞德的特殊對象。如正義之德的對象與其它德行不同，乃是權利。[62]

權利在各國文字中都有右邊或直線的意義，右邊表示有理，直線表示規則。在此趙雅博認為法律不是權利，而是權利的表現與規則。權利要求一個很明確的命令，來使人完成一件事。而這個明白的陳述或公式，乃是一種真正的陳述，這個陳述就構成了哲學意義的法律。權利是正義的對象，正義也是以權利作為起點與止點的，這個秩序，在表面上，有時是人為權利，然而實際上卻是來自人性——自然權利。人為權利如果不來自人性與人格，那便不是真正的權利。權利首先關係並涉及事物本身，事物乃是權利的對象。權利在其主觀意義中，指的是能力或名分。權利也指管理正當行為的規則，在此情況下是指規則與法律。廣義來說，正確就是權利。最合格的說法是：權利乃是一種特殊的德行，是起自與人的關係，是人與人之間的正確關係。[63]

正義的固有對象是安排與他人的關係，權利乃是與他人關係的秩序[64]，故正義的固有對象即權利。多瑪斯對此的說法「所謂正義也者，乃是那有正義的正直者，正義行為所達成者，並不看行事人完成正義的方式如何，（欠債還債，並不問還債者是否高興還債與否）關於其他的德行就不是這樣了，是行事者的態度，決定行為的正直與否。」[65]

在權利的關係中有兩種情形來進行思考：一、站在存在的觀點下，權利所在的關係，乃是由安排秩序的理智與行為所激起，是在意志與倫理道德的

---

61 《中外基本道德論》，頁 103～104。

62 《中外基本道德論》，頁 105～107。

63 《中外基本道德論》，頁 116～117。

64 關係的秩序：關係，乃是一種附加體，需依附在一個實體（主體篇），故沒有主體，就沒有關係。

65 《中外基本道德論》，頁 119。

實踐推動之下所修習，更確切的說，是由於決定實踐的道德而完成。二、權利的關係，人就其本身來說，乃是一種證實，就其在特殊形式的實在性來說，平等與他性的觀念，顯然的是從權利的觀念中引拖出來。趙雅博點出有平等即有他性，有他性則該有平等，在平等中，二者是二不是一，無上下之分，無前後之別，你為你，我為我。平等確定他性，而正義的完美關係正是共同附屬於同一個原則，在一個附屬之下，才有平等的基礎。正義的他性，表示彼此之間有預先的共同性，這共同性使他們為平等，彼此共分於一個形式，一個統一性的原則。具有權利的主體，在社會地位上不一定是同一個附屬，也就不一定有社會地位的平等，只有其基本的平等，權利上的平等。[66]權利在其多類性中：自然權利、人為權利、萬民權利。自然權利也就是人直接且普遍擁有的首要權利（或稱第一權利），由此生出自然法。人為權利則是自然次要的權利（或稱第二權利），是人的理智根據自然法的原則引申而制定的。萬民權利，將人為權利成為全民與各國家的共同點，也就是國際法。[67]換句話說，雖人與人之間是不同的個體，有著不相同的人格特質、國籍人種、身分地位或財務狀況，但在作為「人」之所以為「人」的情況下，每個人享有的基本權利是平等的，因此每個人所享有的自然權利都是相同的，並不會有任何差別。

　　在一個有規律的社會中，可能因為社會秩序沒有完美區別或模擬秩序的不真實性，而使權利在這之下緊縮而缺失。社會秩序的缺失也就是法律的缺失，缺失是指一秩序並沒有權利般的嚴格性與命令性。而權利也有可能缺少嚴格秩序之下，權利在缺少嚴格確切之下緊縮中，因為權利的不平等而減弱權利必須要有的平等性，所謂不平等者自然指的一方更重，一方為大，其中有一種附屬性，如主僕等關係。[68]權利在模擬[69]的權利，自然是人制定的權利，就是人為權利，在表面上好，但在實際的情形下，並沒有依照普遍的原則，沒有依照自然權利。人知道所謂特權，大多是不合理的，這種模擬的權利，大多是錯誤的，有損於他人，有損於正常的人。[70]對於第一權利，人的判斷不會有錯，自然知道何為自然權利，是一種天賦的權利，是具普遍性的，任何人都相同；

66　《中外基本道德論》，頁 120～123。

67　《中外基本道德論》，頁 125～137。

68　《中外基本道德論》，頁 138～140。

69　《中外基本道德論》一書中為「摹擬」一詞，筆者改為較通俗易懂的「模擬」，兩者意思相同，只是寫法上的差異。

70　《中外基本道德論》，頁 141。

但對於第二權利的解釋就可能眾說紛紜了，因為第二權利，也就是人為權利，是模仿第一權利而來，是人制定的，故此就可能有其缺陷在其中。

正義之德是與他人有關。烏爾比安（Ulpien，170～223）認為「自己的權利歸於每一個人」，趙雅博對於這句話認為有兩種方式可以完成：一、由於決定並指向的方式：在這種意義下，委託為代表的判官，乃是正義的主體或負責的作者。是他在聲稱時，他是正義者，是他安排實現，尋找完成，如果必要的話，是可以用強制一途的。二、是由於執行的方式，在這種情形之下，需要權利一次清楚的認可了，屬下者就該履行他們的義務，而能為正義之德的主體，而被正義主動的形容他們。構成德行的，不只是行為，還要有種類的條件，這些條件是需要有意志，其次是習慣（恆性），恆性在某些情況下是客觀的：人在一切環境中，都願意給予他人所屬他的；而恆性的主觀則是：人常常願意正義，總不缺失。[71]

趙雅博認為正義與不正義，是兩個不同的習慣，並且也是兩個相反的習慣。權利是正義的對象，權利的神學告知人什麼是正義的，什麼是不正義的，正義的德行習慣是不容許人冒犯不正義之罪的。不正義的定義，是那使成為不義之行為，一定要有意志的意願在內，如果做事者沒有意向，那時候便沒有正確的使成不正確的行為，而只有一種偶有性的成為不正義。對於正義的定義，習慣那是比較次要的條件，習慣對人行為的影響很大，除了不正義的習慣以外，其他的習慣，並不構成不正義的毛病，只有成為不正義的行為存在。很少人有著不正義的意志，大多數的人雖然履行不義，但並不是完成有意的成為不義之人，往往是在一個情慾的影響下，一般來說，往往是在害怕、貪慾或不正義的影響下，冒犯正義。[72]

習慣是德行之所以成為德行的重要訓練過程，也是四樞德一再強調的。趙雅博指出習慣是一種依附體，習慣是本然的關係著人的外在工作的。習慣實在「他人」的不同名詞下，在形式上成為正義與不正義的區分。[73]在正義的一般觀念中，自然而然的包括著平等性、適當性，正義的基本要義就是與別人有關，沒有他人便沒有正義存在，正義表示一種社會性或政治性的德行，是關係到他者的。正義一定要針對另一個與自己相等的人，也有著自然權利，但與我

71　《中外基本道德論》，頁 144～145。
72　《中外基本道德論》，頁 145～147。
73　《中外基本道德論》，頁 149。

截然不同的人。習慣的養成，並不是毫無所謂的。正義是一個行為行動的習慣，意志就如同行動的能力一樣。習慣是在主體中加入一個決定並且安置的偶有性，習慣有種被動性，需要意志的選擇。[74]意志是選擇的官能，是可能感染一個習慣的，意志並不需要有一個習慣來指揮他，其天性就已經是追逐善的，意志也能有一個習慣，向著某個理智訴說他的善，這個善是一種特殊的善，意志不一定由天性向他，而是在習慣的時候，才有作用。一個主體的意志，很自然地傾向主體的理智提供主體的善。而欲求（貪願）的官能有兩種：一種是感覺的欲求。一個是意志，與理智相符應。[75]趙雅博主張正義之德，就普遍之德來說，是很重要的德行，連宗教也包含其中，宗教之德與一般正義相輔相成，因為沒有神的信仰或內心信仰，人是很難純粹為別人服務的。[76]

　　正義之德與其他的倫理之德有一定的區別，那便是正義是以更正外在的工作為對象，而不是像智德或節德等，是更改或控制人的情慾。情感也是工作，也是行為，慾望者的行為，並不是全部關閉在主體的內心中，也會發洩於外，也一樣成為外在行為，其所涉及倫理的部分，正是於人自己所交付或委心於其的方式，合宜或不合宜於一個有理性的主體。正義之德，並不只是修身的習慣，而是人與人之間的關係，是會影響他人的，義德有別於其他三種樞德，更加重視行為的外在性，與趙雅博所加入的「仁」一樣，不只是一種內在的德行，也牽涉到外在，人與人相處的德行。

　　趙雅博認為義德，也就是正義，是一種使意志習慣傾向善，正義的善便是平等，平等並施予每個人應有之權利。而一個完全的正義除了平等以外，是關於應給予者與應接受者雙方間的關係，與時、地、物或環境不相關，且若應給予者與應接受者關係破壞，兩者皆須有補足的部分。[77]而正義可分類為四大類：法定正義、分配正義、交換正義與社會正義，其中還有提到一種屬於分配正義的報復正義，趙雅博認為正義的種類只是因著社會現象而分類，是屬於一種主觀的分法，目的在於較清楚了解正義，筆者將正義的種類與其各別的定義用下表格列出：[78]

---

74 《中外基本道德論》，頁 167～169。

75 筆者認為貪願一詞改為欲求較為適當。

76 《中外基本道德論》，頁 174。

77 《中外基本道德論》，頁 176～177。

78 筆者將趙雅博《中外基本道德論》一書中的第四章 17 節（XVII）至 20 節（XX）合併為「正義的種類與分別」來探討。《中外基本道德論》，頁 178～184。

表格 1

種　類	定　義
法定正義	普遍的正義，以公益為主的正義。在本質上是由守法使人走向公益。
分配正義	本質上有比例的平等，人與人之間的平等，每個人在生存權利上都是平等。
報復正義	並非私事，而是人們將權利交給國家，公正報復，懲罰違反正義或損害別人權利的人。（趙雅博認為報復正義屬分配正義的一種，故筆者用虛線表示所屬關係。）
交換正義	屬私人的權利，使私人傾向給予私人，在交換私權利上絕對平等，且應為公正給予，若違反則需給予賠償。交換正義是嚴格的正義，在其中有完全的平等，其肯定了「他性」、「嚴格責任」、「平等」。本質上看個人是平等的，每個人皆有其自己應有之分。
社會正義	人是社會的動物，不能離群獨居。社會正義的範圍，不單是冀望社會，冀望上層，更是冀望每個社會成員一起共同努力。

在上述四大類的正義當中，趙雅博認為只有「交換正義」符合完全正義所要求的條件，也就是擁有「他性」、「嚴格責任」、「平等」等條件在其中，其餘三種正義則缺少其中的條件，例如法定正義、分配正義及社會正義屬於偶然要求的正義，法定正義在於守法而來的公益，社會正義也在於公益，兩者都是指定時地與方式使人走向公益，故根據完全正義的定義，只算部分正義，並非完全因為有可能跟著時地或環境改變，而分配正義會遇到平等上的問題，因為分配正義的平等有比例的問題，並不屬於真正的平等，故趙雅博認為在四種正義的種類中，只有「交換正義」是最符合完美正義的條件。

正義的行動是一種判斷，判斷是人的理智在獲得觀念之後，這兩個觀念相比較是否合宜，而產生結論。人在什麼立場下的判斷，都應遵守著正義的原則，是就是是，非就是非。判斷是一個屬於正義的行動，要做正義的判斷，要付出多麼大的代價，正義是判斷的基本要求，無正義的判斷與處罰是沒有任何價值的，判斷那是來自一個正義的傾向，應該用智德的理由講解出來。沒有權利做判斷的人做了判斷，那就是僭越。[79]在宗教中的「不要判斷」，不是不讓人有正義的行動，而是禁止有弊的判斷。在某些事情上，人是可以有權判斷的，不能將一切判斷都推到神那裡去，人不是機械，人有明辨是非的理智，人有好

79　筆者將《中外基本道德論》一書中，第五章第 2 節前半段講解判斷的部分加入五章第 1 節討論。《中外基本道德論》，頁 186～188。

善惡惡的意志，人如果在這些條件中，對他人加以判斷，並不是不可以的，但要是正義的判斷。人自然可以做一個無罪而正義行為的判斷，那我在判斷別人時，也該想想自己，是否也是罪人，如果我判斷的不公道，自然我有罪，那是讓人小心謹慎，不要妄斷。[80]一個完全正義的判斷，有三種需求：正義的德行傾向，明智理由的真理，有權力的權力。[81]

趙雅博特別在〈論正義〉的章節大量討論「不正義」的行為，尤其〈論正義〉（下）的部分，將妄斷、誹謗與汙衊特別拿出來討論，故筆者也試圖在此討論這三種不正義的行為。趙雅博認為不正義是剝奪人應該有的權益。不正義最容易犯的一種過失，是貪。由於貪心而造成不正義，虧待他人，厚待自己，導致社會分配不均。[82]因此正義便是讓人平等的享有權利，故此「判斷」是屬於正義的行動，正義是判斷的基本要求，因此正確的判斷應該是由智德的理由下，所做出的決定，才能決定一件事情是否合乎正義。

而趙雅博認為三種不正義的行為中，妄斷是一種缺失的判斷。根據明智的理由，缺乏真理的判斷。人往往自以為聰明，看到某一些跡象，本來不足以做結論，並且應該加以詳盡的考察，然而自作聰明，以偏概全，作為判斷，自然是一種不正義的冒失與妄斷。人的情感喜愛的支配錯誤，很難不激起猜疑或妄斷。把事情以重為輕，以輕為重，不加以討論，都可算是妄斷，且構成重大不便。一個不正確的判斷，不知道會給人帶來多少的損失。

一個真正有德行的人，是不會輕易下判斷的，如果一個人依照法律去判斷，這個判斷人可以說是合於道德的，那是一個正義行為。如果一個懷疑是不合理的，真的構成對人的侮辱，應該立刻暫停，不要讓它形成一個新的判斷，因為那是不合理的。如果一個懷疑是有根據的，那他就不是侮辱人的，如果不必要加以判斷那最好是留在懷疑當中，因為這個懷疑還不足以構成一個可靠的正確，因此人不能離開懷疑做判斷。沒有理由因為證據不足的懷疑而對他人作不利的判斷，一個真正正值明智的人，是不會因為懷疑讓別人吃虧，而給人不公道的判斷，一個有正義之德的人是不容許他做這樣的判斷，人最好多做對人實際有利的判斷，而不是害人有沒有十足證據的判斷。[83]

---

80 《中外基本道德論》，頁 187～190。

81 《中外基本道德論》，頁 191～192。

82 《中外基本道德論》，頁 175。

83 筆者將《中外基本道德論》一書中有關妄斷的主題合併為「論妄斷」來討論。《中外基本道德論》，頁 192～216。

關於正義來源，正義來自自然法與成文法（人為法），一個法官應該根據自然律與成文法來做他決案之根據。而自然法在人心中，成文法是規定的法條並且也該照字義來解釋。法條應該與自然法相符，不應超越或相反自然律，相反自然法的法條沒有真正的法律力量，法官與人都可以不遵守，法律如果相反自然律，法律無效，法律也不約束人心。法官不能根據自然法來判斷，他應該知道這些事件的法規條文，不能以不知推辭。法官可以將成文法與自然法加以比較，尋找判案的合法性，並不一定常與寫出來的法條相符相應。趙雅博在此認為，首先自由心證的解釋法律，用以判案是絕對要不得的，其次，人為法不得與自然法抵觸。任何的成文法，在怎麼樣的完美，也不能預見一切。因此，法官可以依照自己的良心，根據理智（天理）與法律的原則，藉著昔日沒有公布的法條，來判決成文法不能解決的案件。法官應該依照法律審判并判決，如果人為法律反對自然法，真正的法官應該要求迴避，或者不予以判斷，因為人為的法條都是有缺點的，法律條文的範圍也有限制。[84]

趙雅博在《中外基本道德論》一書中〈論正義〉（下）特別提出言語的不正義來作探討，雖趙雅博沒有明確說明該用意為何，但筆者揣測應指人與人的相處模式中，重要的環節便是溝通，如同孟子所言：「言人之不善，當如後患何？」[85]人要為了自己的語言不正義負責，語言的不正義便是強調溝通上還是有其倫理道德的規範存在，故特別提出語言的不正義來作探討，其提出五點語言的不正義，分別是凌辱[86]、破壞名譽[87]、挑撥[88]、諷刺[89]、咒罵等[90]，這都屬於語言不正義，是一種口舌的罪惡，根據趙雅博的看法，上述這五種

---

84 《中外基本道德論》，頁 216～239。

85 《孟子·離婁下》：「言人之不善，當如後患何？」

86 凌辱是一種衝撞，是口舌的罪過，記住要點是在侮辱人的言語，西哲額我略認為凌辱來自憤怒，凌辱、欺侮、羞辱，都是相反正義與愛德的。《中外基本道德論》，頁 259～260。

87 破壞名譽並不是觸及到人的超越性，而是破壞有關他的好名聲、好名譽和人們對他的好感。破壞名譽是與凌辱不同的，凌辱現在當事人的面前用話語攻擊人家；破壞名譽則是在關係人不知道的情況下，而對他使用語言上的傷害。

88 挑撥，傷害他人的名譽與傷害他人的榮耀，也傷害友誼，都是在人間最容易犯的過失。

89 諷刺（譏誚）惡意的玩笑，這個在於不重視人家的苦痛，從人家的過失中，提出一些玩小他人的事件，使人蒙羞蒙辱。

90 咒罵也是妄用語言的一個過失，咒罵是對某人有時過惡並期望壞事來臨，咒罵不一定是罪惡，有時是來自正義，是由指責反對作惡的人。

並未嚴重到需要對方負責任來補償。而以下兩種：誹謗與誣衊，則是需要補償的，趙雅博與多瑪斯主張相同，認為誹謗與誣衊不補償是不能得到寬恕的，認為誹謗與誣衊是違反交換正義，且是嚴重過失，需有精神上與物質上的賠償。[91]

論到反交換正義的過失——誹謗與誣衊，趙雅博認為誹謗[92]是說人不實或誇大，目的在毀損或侮辱他人名譽。誣衊[93]是將惡事歸之於他人，而此惡事乃造假。而誹謗和誣衊的方式有直接的與間接的。[94]兩者的直接方式，主要列舉了四點：一、添加別人沒有的過失。二、用自己的言語，增加他人的罪過。三、把別人做的好事或至少不是過錯的事情，硬說成惡事。四、揭發他人的隱私。間接方式亦有四點：一、否定別人的好事或善行。二、惡意的隱藏人家的好事或善行。三、減少人家的善行與美事。四、惡意或假意的跨讚他人。

而語言不正義中的挑撥離間不算是誹謗，因為不一定涉及到不實或誇大，然而卻對他人有害，所以還是違反道德的。一旦構成誹謗或誣衊的行為，是有可能附上法律責任的，誹謗在臺灣算是刑法誹謗罪的部分，換句話說，確實要對該事負起責任賠償，而誣衊也可能構成公然侮辱罪，嚴重也可至誹謗罪，故此筆者認為誹謗與誣衊，自古以來都是被看為沒有補償不得寬恕的罪。[95]

至於誹謗或誣衊者的心理到底為何？趙雅博主張是因為人的自私心理。人一有好強的意願，自然會有比較，有了比較自然會想要比別人更好，這時人就會有了自私的心，人有自私的心理，希望一切人遠不如我，我要在他人之

---

91 《中外基本道德論》，頁 268。

92 誹謗，拉丁文為 *Maledictio*，英文為 slaner，表示加油添醋的說人壞話，當說人壞話損毀他人名譽時，就變成倫理學上所指的「誣衊」，但在刑法上稱為誹謗罪。《中外基本道德論》，頁 270。

93 誣衊為 *Calumnia*，指以不實欺騙他人。倫理學上的定義為「將惡歸予人，而此惡為造假者。」《中外基本道德論》，頁 271。

94 《中外基本道德論》，頁 272～273。

95 我國刑法 309 條（公然侮辱罪）：「公然侮辱人者，處拘役或九千元以下罰金。以強暴犯前項之罪者，處一年以下有期徒刑、拘役或一萬五千元以下罰金。」；刑法 310 條（誹謗罪）：「意圖散布於眾，而指摘或傳述足以毀損他人名譽之事者，為誹謗罪，處一年以下有期徒刑、拘役或一萬五千元以下罰金。散布文字、圖畫犯前項之罪者，處二年以下有期徒刑、拘役或三萬元以下罰金。對於所誹謗之事，能證明其為真實者，不罰。但涉於私德而與公共利益無關者，不在此限。」資料來源：全國法規資料庫 https://law.moj.gov.tw/Index.aspx

上，我比一切的人更重要，我不願意別人比我更好。因此設法讓別人覺得那比我好的不是好人，或這是使人認定他的比我更好的地方只是外表的，並不是真的。想個辦法是人覺得他不好，他不如我好。[96]好名好利都會導致人去誹謗或誣衊他人的心理，自私自愛若不損害別人，不做不合理的事情，其實不算是壞事，一旦損害別人，做不合理的事情，就算是壞事，甚至算是犯罪。一般來說，人喜歡聽別人說他人壞話，並且不太考慮就會相信，雖然對那些說人壞話誹謗誣衊的人並不欣賞，但卻想知道別人的壞事，用以滿足自己的好奇心，人能有錯誤的判斷，但要避免選擇錯誤，以免誹謗與誣衊他人。[97]

因此應該避免誹謗與誣衊，[98]名譽對人來說是非常寶貴東西，可以成為人的第二生命，誣衊誹謗本身的嚴重性，是看其所給名譽的傷害大小而定。誹謗與誣衊這件事情，對人對己可以說並無益處，尤其是對自己的幸福，對社會的和樂，都有害處，應該避免它、取消它與滅掉它，彼此尊重，彼此言善。對於大眾傳播工具的使用給要小心避免；對於揭發，要設法使被揭發者受到最小的損害；一個公開的罪行，向不知者揭發，並不是不公道，因為他的名譽已經喪失了。

趙雅博有關與義德的分類與排序方式都跟多瑪斯有一定的相似，在後面談論語言不正義的地方，可以說跟多瑪斯所討論的相似。多瑪斯在其《神學大全》第二集第二部問題 72 到 76 題之間便是依序討論侮辱、誹謗、私議（搬弄是非）、譏笑、詛咒，趙雅博可以說是與多瑪斯的排序方式相同，可以看出趙雅博參考多瑪斯許多，趙雅博除了參考多瑪斯的排序，更是為了這些言語的不正義加入了現代的元素，探討話題也就更貼切於人現代的生活。在正義的種類的部分亦是如此，除了討論多瑪斯在《神學大全》第二集第二部問題 61 題所討論的分配正義與交換正義之外，也探討了社會正義與法律正義等現代衍生出來的問題。

《中庸》內三達德的「智仁勇」本章前段已討論完「仁」與「智」的部分，接下來要討論「勇」的部分，也是士林哲學中四樞德的第三樞德——「勇」的部分。

96　《中外基本道德論》，頁 277～279。

97　該段都在討論如何避免誹謗與誣衊的行為。《中外基本道德論》，頁 293～300。

98　筆者將趙雅博談論如何消彌誹謗與污衊，又或如何補償等段落編寫到「避免誹謗與污衊」的章節裡討論。《中外基本道德論》，頁 283～317。

四、論勇

　　勇敢（勇德）對於多瑪斯來說，是一種堅決不變的普遍德行，是所有德行的條件，尤其是在忍受與反抗中的堅定性，或遇極度危急之事物時可以審慎的面對，都是稱之為勇敢的德行在做用或習慣了勇敢。[99]且對多瑪斯而言，「殉道」是德行中最勇敢的表現，因為這時的勇敢來自仁愛，為了貫徹愛上帝之心的堅定性不惜犧牲性命。[100]而在受到多瑪斯思想薰陶的趙雅博，是如何看待「勇」呢？

　　勇[101]，是一種習慣，節制人們的憤情，在艱難困苦的工作上，在危險的事件中，特別是在死亡的事件上，使人有擔當，所謂「勇者無懼」，[102]便可形容此情形。勇敢必須成為種習慣，才能說是一種德行，而其所以能成為者，必須要節制或調節憤情，所謂憤情，是指人面臨著困難或不如意時，說表現的激動情緒。多瑪斯認為勇敢之德是一種力量，將一切有關生與死事件的情感情慾，從屬於理智。多瑪斯將勇敢列入管理情慾的倫理道德的首要地位。[103]勇敢的行為表現在兩種姿態上：攻擊與支持。攻擊行為是主動與積極；支持是被動與消極。在人的眼中，前者是堂皇高雅與光輝的勇往戰場，趙雅博認為後者壞人更加覺得困難，因為支持比起攻擊來說，攻擊是一時的，而支持是長期的，如果是被人折磨、汙衊，甚至剝奪尊嚴、殺害等，在這情境中可以支持下去的這種勇敢，是至大無比的。[104]

　　勇敢有主客觀之分：主觀之勇德，是屬於人自己的看法的。客觀之勇德，趙雅博沒有直接提及，但可從下上文推論，客觀之勇德可分為四類，勇敢可以分為四類：有自信、有雄心、有忍耐、有持久（恆心），筆者認為這四種都可屬於主觀之勇德，也屬於能被客觀判斷的客觀之勇德。[105]勇敢是一個很難修習的德行，然而也是一個重要的德行。尤其要做到勇於改過的勇德，更是難又難的事。趙雅博認為不怕認錯改過，才是比不怕死，不怕艱難困苦的勇敢更大的勇敢。有勇氣成為好人也是勇敢，但不懼死，不一定是勇敢，要視情況而定，

99　潘小慧，《四德行論：以多瑪斯哲學與儒家哲學為對比的探究》，頁 245～246。
100 潘小慧，《四德行論：以多瑪斯哲學與儒家哲學為對比的探究》，頁 255～258。
101 《墨子・經上》：「勇，志之所以敢也。」
　　《韓非子・解老》：「不疑之謂勇。不疑生於慈，故曰：『慈故能勇。』」
102 《論語・子罕》：「子曰：知者不惑，仁者不憂，勇者不懼。」
103 《中外基本道德論》，頁 336。
104 《中外基本道德論》，頁 340～341。
105 《中外基本道德論》，頁 341。

如今的教育應該提倡成為好人，成為有德行的人，不只是提倡，教育者更要以身作則。[106]

趙雅博在「論勇」這方面的篇幅較短，並不表示勇德的地位較小，筆者認為是因為論勇，尤其勇氣，是人在生活中更常會提到的，更容易明白的，且更常注重的，也較沒有爭議性的，因此趙雅博在此指點出勇德的特性與定義。

五、論節德

節[107]，節制之德，實施管制的德行，是讓人過猶不及的德行。拉丁文為 *Tempero*，表是一種共同性的合揉。節制之德，乃是一種傳統的樞德。節智是一種力量，是一種倫理的樞鈕之德。是一種主動的緩和，一種均衡的自治。[108] 節制是一個自然的德行，節德讓人有一個組織的一致性，達到和諧，而產生美。節制在其他德行中，是一種調節與勇德、智德、義德都有關係。[109]就多瑪斯而言，節德表示理智命令人的活動於中道狀態，使屬於普遍之德，抑制了人的慾望，使其保持中庸。[110]在節德的討論上，趙雅博使用的篇幅比「論勇」來的多（論勇為一篇，論節德分為上下篇），但較多是具體的討論如何保持中庸之道，對於節德的定義只在上篇的部分，下篇都是一些具體的例子。

而相反節德的是貪婪，貪婪會使理智束縛，若是習慣貪婪，則好比服侍了官能。但人有理智能分辨善惡，可以控制這些貪婪。若人放縱，則如走獸，並且不如走獸，因為人會想出新的花樣，來滿足自己的慾望。[111]

人需使自己的情感合乎中庸，過猶不及才是節制的行為，這比其自由自在更為困難，因為要進行馴服與使其走上軌道，都是不容易的事情。理智教人知是非，意志教人選擇善惡，無論向著好壞發展，總是不容易持中。[112]趙雅博認為節制，是一個主體內在秩序，是可以使人克制慾望的由來，也是人之所以為人，不變且普遍的基礎。[113]

---

106 趙雅博所說的教育者，不是單純說教師而已，還包含家庭教育，像是父母的教育，也被趙雅博稱為教育者。《中外基本道德論》，頁 339～345。

107 《禮記・中庸》：「喜怒哀樂之未發，謂之中；發而皆中節，謂之和。」

108 《中外基本道德論》，頁 352～354。

109 《中外基本道德論》，頁 364～365。

110 潘小慧，《四德行論：以多瑪斯哲學與儒家哲學為對比的探究》，頁 332～333。

111 《中外基本道德論》，頁 358～359。

112 《中外基本道德論》，頁 389～390。

113 《中外基本道德論》，頁 398。

　　趙雅博認為人的罪惡時常來自慾望，但人能克制，飲食有節，聲色能制，就不容易產生惡事。要強調節德，教育節德，訓練節德，是現今社會比較困難的，故更能看出節德的重要與價值。[114]趙雅博認為節德的教育是必須的，因為人有肉體，有靈魂，就有感覺與慾望，進一步人能追求美，追求善。人的意志是好善惡惡，教育能使人更加地好善，且更惡惡。道德的教育是可能的，透過教育來發展人格，人格的表現就是道德。[115]趙雅博認為做人是一種藝術，[116]美是一種秩序、和諧、整齊、統一與全體，[117]道德是與美混和為一的，又稱倫理美，其性質有和諧、適當及有目的，因此趙雅博認為倫理就是一種美。[118]筆者認為倫理美尤其在節德更為明顯，德行都可以展現倫理美，但筆者認為節德追求一種和諧的秩序，更加凸顯倫理美的特色。

　　趙雅博在《中外基本道德論》一書中，談論節德時，雖然花了兩個篇幅在談論，但基本上就是在強調節德的重要性與當代的意義，並分析一些人需要學習節制的地方像是怒氣、驕傲、懶惰、好奇心等，都是需要人注意的地方，節制的重點在於中庸，凡事要取得平衡，學會調節自我的慾望，且節制事需要學習，且習慣的，有了節制人們的生活會更加有利，也能避免人的慾望帶人走向禽獸一般的行為，同時展現出和諧的倫理美。

六、對比趙雅博與多瑪斯之思想

　　趙雅博在寫作《中外基本道德論》時，四樞德思想受到多瑪斯思想的影響深遠，在相反四樞德的罪惡上討論的也與多瑪斯相近，筆者整理出趙雅博與多瑪斯關於「相反四樞德的罪惡」的異同。先從趙雅博的「仁」說起，趙雅博認為仁愛為德行之首，[119]「仁」的部份與多瑪斯「愛德」是一樣的，也就是說趙雅博將《中外基本道德論》一書將三超德「信望愛」的「愛德」與中國「仁」概念合併，並且融入「四樞德」中來討論，筆者認為趙雅博試圖表達，四樞德

---

114 《中外基本道德論》，頁 469。

115 《中外基本道德論》，頁 425～426。

116 趙雅博，《哲學新論》（卷二），頁 777。

117 趙雅博，《談美：從自然美到藝術美（上）》，新北市：輔仁大學士林哲學研究中心，2006 年，頁 224～226。

118 趙雅博，《談美：從自然美到藝術美（下）》，頁 674～675。

119 潘小慧，〈德行與超性：趙雅博的士林哲學倫理學〉，《哲學與文化第四十四卷第九期 No.520──紀念趙雅博教授專題》，新北市：哲學與文化月刊雜誌社，2017 年 9 月刊，頁 60。

中有愛德,而三超德中也有愛德,兩者之間是相通的關係,表示四樞德往上超越成為三超德的可能性在於愛德,也就是「仁」。

相反仁愛的罪惡:趙雅博在《中外基本道德論》一書中,將相反仁愛的罪惡分成四種,分別是「恨」、「憂愁」、「妒忌」、「不和」。[120]多瑪斯則在《神學大全》(Summa Theologica)中,第二集第二部第三十四至四十三題與第四十六題中探討與愛德(仁愛)相反的罪惡,共十一種,分別為「恨」(hatred)、「沮喪」(sloth)、「嫉妒」(envy)、「相反於平安的不睦」(discord, which is contrary to peave)、「爭論」(contention)、「分裂」(schism)、「戰爭」(war)、「爭鬥」(strife)、「叛亂」(sedition)、「惡表」(scandal)與第四十六題的「愚笨」(folly which is opposed to wisdom)。[121]關於「爭論」、「分裂」、「戰爭」、「爭鬥」、「叛亂」等在其《中外特殊倫理學》中有提及政治倫理學與國際倫理學有提及。[122]至於「惡表」與「愚笨」則沒有討論。

貫穿於其他德性之中的是智德,[123]而相反智德的罪惡:趙雅博將相反智德的罪惡分為六種,假智部分提及兩次,並細分假智部分;六種分別為「反智與假智」、「輕浮」、「欠思考」、「疏忽」、「無恆」、「假智:肉慾之智與狡猾」。[124]而多瑪斯將其分為三種,在《神學大全》第二集第二部第五十三至五十五題中討論,分別為「不智」(imprudence)、「疏忽」(negligence)、「貌似而實相反智德的惡習」(vices opposed to prudence by way of resemblance),但又在第五十三題「不智」中討論「魯莽」(precipitation)、「粗心大意」(thoughtlessness)、「無恆」(inconstancy)等議題;在第五十五題「貌似而實相反智德的惡習」中討論「肉性的明智」(prudence of the flesh)、「狡猾」(craftiness)、「詭計」(guile)、「欺詐」(fraud)等議題。[125]趙雅博有提及「輕浮」的態度,多馬斯

---

120 趙雅博,《中外基本道德論》依序為,頁 41～44、44～45、46、47。

121 中譯本:多瑪斯・阿奎那(St. Thomas Aquinas),胡安德譯,《神學大全(第八冊)》,臺灣:中華道明會、碧岳學社聯合發行,2008 年,頁 198～283、315～318。英譯本:ST. Thomas Aquinas, *Summa Theologica Volume III*, Translated by Fathers of the English Dominican Province, New York: Benziger Brothers, 1981, P.1335~1367, 1378~1379.

122 趙雅博,《中外特殊倫理學》第四章至第九章,頁 175～496。

123 潘小慧,〈德行與超性:趙雅博的士林哲學倫理學〉,頁 61。

124 趙雅博,《中外基本道德論》依序為,頁 88、89、90、91、92、92(無恆與假智同頁篇)。

125 中譯本:多瑪斯・阿奎那(St. Thomas Aquinas),胡安德譯,《神學大全(第九冊)》,

則沒有，其餘部分大致相同。

　　義德為倫理德行中最重要之德，[126]而相反正義的罪惡：趙雅博在正義上面，主要探討言語上面的問題，分為「妄斷」、「誹謗」、「汙衊」等，又將「妄斷」細分為「凌辱」、「破壞名譽」、「挑撥」、「諷刺」、「咒罵」，當然趙雅博也有提及些許在法庭上的正義問題。[127]多瑪斯在義德（正義）的討論上面，就不只是討論言語上面的問題，在《神學大全》第二集第二部第六十三至六十六題與第七十七至七十九題，其中討論偏袒行為、殺人、身體的侵犯、偷與搶與第七十七題開始討論的交易欺騙、放高利貸、失職等議題。在言語上面從第六十七題到七十一題是探討法院裡面正義的問題，第七十二題開始到第七十六題為止，則是說明言語上相反義德的罪惡，包括了「侮辱」（reviling）、「誹謗」（backbiting）、「私議（或搬弄是非）」（tale-bearing）、「譏笑」（derision）、「詛咒」（cursing）等。[128]至於趙雅博有論及殺人的議題，其餘議題沒有說明。[129]

　　勇德為堅決不變的普遍德行，而相反勇敢的罪惡：在論勇上面趙雅博並沒有列出與勇相反的罪惡。多瑪斯在論勇德（勇）的同時，有提出許多與勇相反的罪惡來探討，如《神學大全》第二集第二部第一百三十至一百三十三題的「妄想」（presumption）、「熱衷榮譽」（ambition）、「貪圖虛榮」（vainglory）、「懦弱」（pusillanimity）與第一百三十五題的「小器」（meanness）等。[130]

　　節德是一種美麗的德行，[131]相反節德的罪惡：趙雅博在書中將相反節德

臺灣：中華道明會、碧岳學社聯合發行，2008 年，頁 75～106。英譯本：ST. Thomas Aquinas, *Summa Theologica Volume III*, Translated by Fathers of the English Dominican Province, New York: Benziger Brothers, 1981, P.1409~1420.

126 潘小慧，〈德行與超性：趙雅博的士林哲學倫理學〉，頁 64。

127 趙雅博，《中外基本道德論》依序為，頁 192～266（包含凌辱、破壞名譽、挑撥、諷刺、咒罵），頁 267～327（誹謗與汙衊一同討論）。

128 中譯本：多瑪斯・阿奎那（St. Thomas Aquinas），《神學大全（第九冊）》，頁 196～361。英譯本：ST. Thomas Aquinas, *Summa Theologica Volume III*, Translated by Fathers of the English Dominican Province, New York: Benziger Brothers, 1981, P.1456~1507.

129 趙雅博，《中外特殊倫理學》，頁 73～79。

130 中譯本：多瑪斯・阿奎那（St. Thomas Aquinas），胡安德譯，《神學大全（第十一冊）》，臺灣：中華道明會、碧岳學社聯合發行，2008 年，頁 79～116。英譯本：ST. Thomas Aquinas, *Summa Theologica Volume III*, Translated by Fathers of the English Dominican Province, New York: Benziger Brothers, 1981, P.1729~1743.

131 潘小慧，〈德行與超性：趙雅博的士林哲學倫理學〉，頁 67。

的罪惡分為「貪婪」、「肉慾」、「醉酒」、「驕傲」、「懶惰」等。[132]多瑪斯在討論到相反節德的罪惡時，不像以往將相似要討論的內容擺在一起，《神學大全》第二集第二部第一百四十二題直接論「相反節德的惡習」，在這一議題中又分為四小題來討論，分別是「冷感」（insensibility）、「無節」（intemperance）、「懦弱」（cowardice）；第一百四十八題論「貪饕」（gluttony）；第一百五十題論「醉酒」（drunkenness）、第一百五十三至一百五十四題討論「淫佚」（lust）；第一百五十九討論「殘暴」（cruelty）；最後在第一百六十二題討論「驕傲」（pride）的問題。[133]趙雅博在《倫理道德教育與性教育》與《中外特殊倫理學》中都有再次提及肉慾的問題，《倫理道德教育與性教育》是教育如何避免肉慾過剩的議題，而《中外特殊倫理學》則是說明產生肉慾的肉體其義務為何？[134]而在《中外特殊倫理學》中也再次提到醉酒的問題。[135]以上為趙雅博與多瑪斯探討問題之相同處。接著要來分析趙雅博的倫理學特色。

第二節　趙雅博倫理學之特色

在本論文第三章第一節的部分，分析趙雅博的基本倫理學概念，本節要討論趙雅博倫理學的特色，先從其基本理論層面看起，到本論文下一章（第四章）來討論特殊倫理學的部分。在本章第二節的地方要探討趙雅博的倫理學特色，這包含了其倫理學實踐之理論與核心價值，實踐之內涵的部分，筆者試圖說明趙雅博倫理學的獨特之處，趙雅博的倫理學特色筆者分為以下六點來作討論。

一、新士林哲學的新多瑪斯主義

在新士林哲學當中還是有不同學派之分，大致上可分為新奧斯定派與新多瑪斯派，雖然說這兩個學派有如希臘時期的柏拉圖與亞里斯多德，或中世

---

132 趙雅博，《中外基本道德論》依序為，頁 358～359、384～392（到此都屬於貪婪）、392～406、430～432、450～454、456～457。

133 中譯本：多瑪斯·阿奎那（St. Thomas Aquinas），《神學大全（第十一冊）》，頁 70～412。英譯本：ST. Thomas Aquinas, *Summa Theologica Volume III-IV*, Translated by Fathers of the English Dominican Province, New York: Benziger Brothers, 1981, P.1765～1855.

134 趙雅博，《倫理道德教育與性教育》，頁 121～137。趙雅博，《中外特殊倫理學》，頁 67～68。

135 趙雅博，《中外特殊倫理學》，頁 65～66。

紀的奧斯定與多瑪斯一樣，思想的許多地方有相左的部分，但是有時又彼此相輔相成，新多瑪斯派也是如此，加入奧斯定的抽象直觀來與近代思想有所連接。[136]

　　說到趙雅博的倫理學，趙雅博與多瑪斯的倫理學有許多雷同之處，多瑪斯可以說是趙雅博倫理學的基礎，在趙雅博許多論點中，都可以看到借鑑多瑪斯之處，其新士林哲學倫理學也是從多瑪斯的觀點出發。在探討議題時，加入多瑪斯的觀點來討論也成為了趙雅博的倫理學特色之一，在許多的地方引用多瑪斯的思想當作其倫理學基礎，但趙雅博並不是單純的接受多瑪斯的理論而已，甚至是改良其理論，但基本上並沒有否定掉多瑪斯的理論，是讓多瑪斯的理論可以符合當代之需求，也轉變為趙雅博自身的倫理學特色，故此這是趙雅博對於「基本道德」，也就是「仁與四樞德」，更加的本土性與當代性，不僅僅是理論，且嘗試將這些德行與習慣德行的教育放入生活中，讓人可以學習並使用，可以說是讓多瑪斯的理論增添許多色彩，也更能適應當代的社會。

　　從多瑪斯來談論倫理學基本上是新士林哲學倫理學家大都會使用的方式，尤其臺灣士林哲學研究多瑪斯的人相對於研究奧斯定的多，雖說不上是趙雅博單獨的特色，可以說是整個臺灣新士林哲學的傳統特色，一直延續至今天臺灣新士林哲學倫理學也是如此，而趙雅博身為新士林哲學的一員，會有這樣的特色並不太讓人意外，但趙雅博除了參考、引用多瑪斯的思想外，其中最大的特色在於趙雅博試圖讓多瑪斯的思想與當代的思想做結合，試圖讓多瑪斯的理論可以應用在現代的社會當中。

二、思想本土化

　　趙雅博在談論其基本哲學時都會運用中國哲學來當作開始，解釋字義與出處，但在「正義」的部分大量使用西方概念，甚至一開始就從「權利」談起，這是其倫理學中較特別的地方：以新士林哲學融入本土哲學，且趙雅博的倫理學理論都會加入一些例子來探討，也討論理論的實踐部分，趙雅博的倫理學融合了新士林哲學的架構，並在本土，因地施教，探討的社會議題或使用的法律條文都是以當時的臺灣社會為主，且其討論內容都不過時，而是至今都還新鮮的議題，甚至有些話題可以說是有其前瞻性，趙雅博倫理學的前衛性，直至今日都不退討論的潮流。

---

136 趙雅博，《西洋哲學的發展》，頁 321。

　　與以往學者們談論四樞德不同，趙雅博多加了「仁」的概念進入四樞德中，認為四樞德都必須有「仁」的貫穿，才有辦法展現出德行，人必須先透過學習習慣「向善」（仁的趨向）與「行善」（仁的表現），後續才有辦法將四樞德展現出來，而趙雅博討論「仁」的概念，除了與中國哲學形成結合以外，更與其信仰結合，四樞德的德行行為不只是人與人之間，「愛人」的關係，趙雅博也認為可以達到更高層次的「三超德」（信望愛），最終達到「追求至善」，也就是「愛神」的境界。可以看出趙雅博將其倫理學與中國哲學作結合，以西方哲學為主，中國哲學為輔，用互補的關係來加強理解其倫理學。趙雅博認為在中國哲學中有許多可以與天主教思想相輔相成，主要以儒家為主，趙雅博以「天生烝民，有物有則。民之秉彝（夷），好是懿德」[137]舉例，認為天賦人有道德律（自然法），天不變道亦不變，且使人心向善（自然法原則），人應向善是荀子的主張，亦是人生的真目的，那又如何產生惡？荀子認為來自內心貪惡的情慾；孟子則是認為不能盡其才者，從其小體；孔子認為習相遠；趙雅博總結為內心與外在因素兩者，與天主教三仇理論[138]相同，但儒家卻沒解釋為何會有惡，天主教卻有解釋是「善的缺乏」，所以兩者理論可以互相補足的原因在此，儒家「汎愛眾」的觀念也是符合天主教「愛鄰舍」的道德思想，那為何不考慮墨家的「兼愛」呢？趙雅博認為「兼愛」確實是一個非常好的理想，但比起「兼愛」來說「汎愛眾」更是實際，由此可見趙雅博比起理論，更喜歡實踐理論。[139]

　　趙雅博的倫理教育部分更是比照當時的臺灣社會，希望可以讓倫理教育普及在臺灣的教育當中，故趙雅博提出了許多的例子都是有關於臺灣本土地區的案例，並點出臺灣倫理教育的欠缺與可以加強的地方，趙雅博也時常運用儒家倫理學當作其道德教育之根據，趙雅博認為人學知識知道做好人（有道德的人）的重要。正心然後修身，成己之後，自然而然的就可以齊家、治國、平天下，趙雅博使用本土化使人理解其所要闡述之內容，就是要引導人進入趙雅博所提倡的倫理思想中。

---

137 《詩經・烝民》：「天生烝民、有物有則。民之秉彝、好是懿德。」；《孟子・告子上》：「天生蒸民，有物有則。民之秉夷，好是懿德。」

138 三仇理論表示人向善時會有三種仇敵引人向惡，分別是肉慾、世俗與魔鬼，而肉慾為個人內在的因素，後兩者為外在因素。趙雅博，《現代人文主義面面觀》，台北市：啟業書局，1968 年，頁 244。

139 趙雅博，《現代人文主義面面觀》，頁 243～250。

三、倫理學的絕對性

趙雅博主張:「真正的哲學脫離不了宗教的特徵」[140],哲學必然會討論到宗教的議題,因為「道德問題最容易接觸到宗教性質」[141],故趙雅博認為倫理學(哲學)與宗教(神學)脫離不了關係,畢竟趙雅博是神父且又提倡新士林哲學倫理學,有這樣的主張非常合理。趙雅博主張倫理學有絕對性,認為在倫理學上有其絕對的標準,這標準並不會隨著時代改變,但這標準之下容許有相對的處理方式,因為趙雅博信仰的關係,趙雅博認為若沒有上帝賜給人的「仁」與四樞德,那世界將是以相對的倫理運作,在這種情況下沒有任何的行為是不道德的,也就是世界缺少了普遍性的道德標準,故此人都可自訂道德的定義,趙雅博認為這樣的世界只會變得更加混亂,故此絕對真理有其必要性。[142]趙雅博主張的「倫理學的絕對性」可以說在當代中是少見的主張,但其主張之邏輯性很清楚,若沒有絕對的存在(上帝本身),就不會有絕對的倫理學,而沒有絕對的倫理學,人做任何的事情都是符合倫理道德的,因為人無法定義何為不道德,故上帝存在並給予人自然法在其心中,使人可以有德行,成為有倫理道德的人,而在這樣的倫理學主張下,才有普遍性的倫理觀。而有絕對與普遍性的道德,道德的基本是不變的,道德則不會現代化,但在道德的外延上,可隨著時代的不同,而有所改變,人們對於道德的執行,也有深淺不同,自然有所改變,而現今道德的現代化是要拋棄神明,建立屬於人的道德,主張「無宗教,道德依然存在」,因為這是人的天性,並非宗教而來,但也因為這樣沒有不變的標準,因此趙雅博認為道德會陷入相對主義當中,行為自然會混亂,因此把道德俗化的現代化,是沒有未來的。[143]

面對懷疑主義與相對主義的倫理學,趙雅博如此解釋:

> 無論古今的倫理學者,連主張懷疑或相對論的人也不例外,他們都相信善當行,惡當避,夠了,這種承認,不就承認了道德或倫理普遍性、絕對性了嗎?倫理懷疑主義或相對主義的主張者對他們的主義不懷疑,也又不是陷於自我否定,而已他們的主張,有普遍

---

140 趙雅博,《哲學新論(二)》,頁 795。

141 趙雅博,《哲學新論(二)》,頁 795。

142 趙雅博,《倫理道德教育與性教育》,頁 11~13。

143 趙雅博,《中國文化與現代化(上)》,台北市:黎明文化事業股份有限公司,1992年,頁 426~429。

為典範的價值了嗎？[144]

　　趙雅博主張倫理是有普遍性與絕對性的，因此人的倫理道德並不會隨著時代改變，或者可以說，倫理道德的內涵不會改變，但其外延會增加，會遇到一些新的倫理道德的現象或處境，不過倫理道德並不會因此而改變。

　　趙雅博認為在「倫理學的絕對性」中是可以有相對的方式去執行，也就是在絕對中要互相包容與尊重不同的想法，趙雅博畢竟要站在教廷的立場處理其倫理學，故此跟其他宗教的倫理學或現代社會的倫理道德觀，一定會有不同之處，但趙雅博只嚴厲批判相對倫理學的學者，如上一點所說，至於其他倫理學的主張，趙雅博都表示尊重，這也是趙雅博的倫理學可以多元探討的原因之一，趙雅博有自身堅持的主張，但卻又尊重他人的文化背景。

四、前衛性與前瞻性

　　趙雅博所運用的例子經常是以社會實際狀況相關（尤其在《中外特殊倫理學》一書中可以看見），趙雅博也會提出一些很前衛性的想法，例如性教育的部分，在現今很平常的話題，在其生活的保守年代，由一位神父提出性教育，這是非常前衛的。再來是其前瞻性，趙雅博重視倫理教育，並且說明若倫理教育不理想時的後遺症會是如何，趙雅博更重視倫理教育高於法律規定，指出倫理教育是根本，趙雅博在其《倫理道德教育與性教育》一書中，大量談論臺灣的道德教育方式與性教育的教導，在《中外特殊倫理學》一書也不例外，從個人倫理談論起，依序到家庭、政治，最後來到國際倫理，並於最後談論宗教倫理的部分，詳細說明何為真正的宗教與對宗教的一些批判，可以看出趙雅博對於臺灣之貢獻與努力，其大膽的提出並小心求證，就是希望在臺灣的道德教育能比以往更加起色。從現今的角度看趙雅博的思想實在是具有著跨時代的溝通力，其前衛的想法與對思想及教育的前瞻性，都成為其倫理學的特色之一。

　　趙雅博在《哲學新論》談論「哲學思想起源」時有個有趣的理論，趙雅博主張哲學思想的起源主要於北緯 38 度線（正負 2 到 3 之間），例如：北緯 38 度的希臘雅典、35 度的義大利與西西里島、儒家的孔、孟、荀落在 36 至 40 度間，而現今哲學慢慢的傳開，像是歐洲哲學向北傳到現今的德國、法國、英國

---

144 趙雅博，〈挑戰倫理的懷疑主義和相對主義〉，《哲學與文化》，第 27 卷第 5 期，新北市：哲學與文化月刊雜誌社，2000 年 5 月，頁 410。

等，中國哲學則是向南傳到中原，趙雅博認為後天的環境對於哲學思考一定的影響。[145]這點的研究確實讓人對於哲學與地理產生興趣，這種研究也是很有突破性的研究，可說非常前衛。

五、實踐性與教育化

趙雅博並不是單純的提出理論而已，以其過往的經歷，在倫理實踐與教育上，更是有許多的付出，且其鼓勵與推動倫理學的實踐與教育，強調倫理學的應用與倫理必須教育，就如同其理論：若要行出好德行，必須要先習慣行善。倫理教育就是一種習慣，習慣做好的事情與對的事情，而「做」好事或「成為」好人是實踐的過程。倫理學本身就是實踐哲學的一環，更不用說士林哲學倫理學是「知行合一」的德行倫理學，除了理解理論，如何行出來也是其涉獵的範圍，趙雅博在其年代大量推廣倫理學的教育與實際應用，是因為趙雅博是言行一致的人，其身體力行倫理教育與實踐。趙雅博也呼籲在重視道德教育的實踐時，別把一切歸給學校，家庭教育是最重要且影響最大的一環，且政府應該在道德教育上要立法嚴明，更要徹底執行，使大眾團結淨化社會，達到安和樂利的國家，這也是趙雅博對於道德教育與道德實踐最終的理想。[146]

六、比較與多元

「比較」也是趙雅博的哲學特色之一，跟本土化的融會貫通有點相像，但趙雅博在於哲學上喜歡將中西方之文化或哲學拿來做比較，此比較主要探討雙方哲學與文化上的差異，並非貶低其中一方，單純述說兩者不同之處，筆者認為趙雅博能本土化的原因之一，也是因為融合比較的哲學與文化，吸收各種文化與哲學的優點，並了解其原則，找尋其中的普遍原則，應用在其中。趙雅博在哲學上的著作有三本與中外哲學比較相關，包括《中外哲學概論之比較研究》、《中外基本道德論》、《中外特殊倫理學》等三本，而三本中《中外基本道德論》與《中外特殊倫理學》更是大談倫理學的部分，中外的比較也成了趙雅博的倫理學寫作特色之一。《中外哲學概論之比較研究》也有部分探討到其他

---

145 趙雅博也提出奧斯定生長環境於 36 度、多瑪斯於 41 度。筆者發現在北緯 35～41
　　度之間的地區有西班牙馬德里、土耳其伊斯坦堡、美國紐約、日本京都與東京、
　　韓國首爾等較多研究哲學的國家，但筆者與趙雅博同主張，地理環境也只是後天
　　影響並不表示住其他地區的人就沒有哲學思維了。趙雅博，《哲學新論》（卷一），
　　台北市：啟業書局，1969 年，頁 23～24。
146 趙雅博，《倫理道德教育與性教育》，頁 3～4。

地區的倫理學，包含了埃及、美索不達米亞、非洲等地區的倫理學，[147]可見趙雅博為了研究倫理學，對於一些較為冷門地區的倫理學也做一定程度的研究，其倫理學確實是與國際接軌，富含自身的主張卻又不失多元性。這也是趙雅博在《中外基本道德論》自序所說，趙雅博為了完成一本倫理學著作，不惜跑遍西歐各國大圖書館來參閱西方倫理學著作，並收集倫理學相關書籍近三百種，回國後更是加強倫理學之研究，並積極推廣倫理臺灣的教育。[148]這就是趙雅博對於臺灣倫理教育用心良苦之處，看得出趙雅博的前瞻性與前衛性，也構成其倫理學的絕對性內多元的特色。

潘小慧也將趙雅博倫理學的基本立場分為三點：一、強調人之所以為人者；倫理道德的目的並不是認知與知識，而是為了行動與實踐，德行行為展現出人之所以為人的目的，使人成為真正的人，對趙雅博而言，真正的人涵蓋了「成己」與「成人」兩個層面。二、主張自由自主的完成行為是無中間性的；道德行為乃出自於人的理智認知與意志決定，排除了不善不惡的可能，沒有中立立場，對趙雅博而言，人不善即惡。三、以德行倫理學為其理論基調；根據趙雅博的倫理學架構而言，屬於新士林哲學倫理學，也都認同亞里斯多德與多瑪斯之倫理思想，強調人之所為人的行為與德行的實踐，完全符合德行倫理學。[149]

以上六點筆者所整理出的趙雅博倫理學特色與潘小慧對趙雅博倫理學基本立場之分析，展現出趙雅博倫理學之特色與風格，將此特色放在第三章第二節主要用意是要承先啟後，知道趙雅博的基本倫理學理論，並了解其倫理學特別之處，再接續討論其特殊倫理學與倫理教育及其應用的部分，會對趙雅博的倫理觀有更深入的認識。

---

147 趙雅博，《中外哲學概論之比較研究》（上冊），台北市：中華文化復興運動推行委員會，1982 年，頁 19～28、51～62、758～761。

148 趙雅博，《中外基本道德論》，自序。

149 潘小慧，《台灣新士林哲學的倫理學發展》，頁 76～79。

第四章　趙雅博的特殊倫理學

　　對於趙雅博而言，行真理乃是一種道德，知其理也是一種道德，道德與真理在本質上並沒有差別，只是以不同角度切入探討，話雖如此，但是現今已將道德與真理分為截然兩途，從歷史來看，道德更勝於學問，有學問的人自然看重道德，如果有學問，卻沒有道德，普遍會被人輕視，不管一般社會中或是宗教中都是如此。[1]趙雅博強調：

> 真理屬於認知，道德屬於實行，認知是理智的事功，實行是意志的範圍，雖然，意志視聽理智的指揮，然而決定則仍然是自由的，意志有絕對的自由。[2]

　　趙雅博的倫理學並不是一種理論而已，其強調倫理學的實踐層面，故理解趙雅博的倫理思想主張之後，要分析與討論的，是趙雅博如何將其學術理論應用在實際的社會中。本章第一節會討論其特殊倫理學的理論與應用方法，其特殊倫理學主要針對臺灣的社會倫理與文化背景為主，來分析該地區的倫理樣貌；第二節的部分則是討論實踐層面——倫理教育，將趙雅博所認為的倫理教育方式帶入，談論如何將趙雅博的理論置入教育中。至於處理一些當代倫理的議題，筆者將會帶到本論文第五章來討論與分析，而在第四章終止會提及或簡單帶過。

第一節　特殊倫理學

　　一般而言倫理學分成「基本倫理學」（普通倫理學）與「特殊倫理學」兩

1　趙雅博，《突破與創新（修身篇）》，台北市：台灣書店，1996年，頁399～400。
2　趙雅博，《突破與創新（修身篇）》，頁401。

大類,「基本倫理學」討論倫理行為的性質與一般原則,而「特殊倫理學」是把「基本倫理學」所研究出來的原則應用到人的各種行為上,特殊倫理學又可分為個別倫理與社會倫理來探討,而社會倫理又可分為:家庭、政治(國家)、國際等三種社會倫理面向來探討。[3]以下圖表可以清楚認識特殊倫理學:

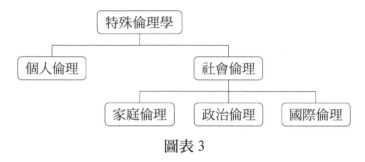

圖表 3

趙雅博為了探討「特殊倫理學」而比較中西文化後撰寫《中外特殊倫理學》,特別談論臺灣本土的倫理學與當時的國際倫理學,由此可見趙雅博對於倫理應用上的重視。《中外特殊倫理學》[4]一書的撰寫架構是先從「社會倫理」談論起,討論社會之定義、社會的道德基礎與合法性;接著探討組成社會的最基本單位──人的倫理,也就是「個人倫理」,與社會倫理差不多的探討方式,討論定義、合法性與個人道德之義務等議題;分析完兩者之後,進到社會倫理學中社會組成的基礎──家庭倫理,以討論家庭責任與義務收尾;接續探討有眾多家庭組成的國家,趙雅博歸類國家於政治倫理學中,分成上下兩篇;續國家後研究國與國之間的國際倫理學議題,亦分成上下兩篇來討論;最後趙雅博跳脫以往社會倫理的討論,新增一個討論「宗教倫理」,討論宗教的本質、結構與義務。筆者稍微改變順序,從趙雅博的個人倫理開始討論,到社會倫理,並其中的家庭、政治與國際倫理,最終與趙雅博相同,以宗教倫理做本節結尾的討論。

一、個人倫理

個人倫理就趙雅博來說是一種論個人義務的科學,探討人的權利與義務,人如果沒有權利,自然不用承擔義務,人是獨立的存在,自身的行為無法由社會替我負擔,因此行為是嚴格具有人格的,也因此可以說個人倫理學是

---

3 袁廷棟,《普通倫理學》,頁 22。
4 可參考《中外特殊倫理學》之目錄,可見趙雅博對於特殊倫理學的架構。趙雅博,《中外特殊倫理學》,台中市:衛道高級中學,1995 年。

來自對人本性之思考權利義務的科學。[5]人是一種倫理的動物，應用自己個人的道德來生活，而個人道德義務的根源並不是在個人隨意的思想中，然而是在於一個無限具有超越性更高層次的法律中，換句話說，道德一定是根據「至善」或「天理」，也因此個人倫理之存在與實踐，並不會反社會倫理之存在與實踐，而是加強社會義務之完成，因為個人倫理與社會倫理乃是相輔相成，彼此附屬且相關，而倫理道德的根據若是根據「至善」或「天理」，也就是根據真理，那彼此之間是不會互相衝突的，因此若在真理之下，個人倫理不會與社會倫理衝突。[6]

趙雅博主張個人道德之義務是實現個人人格尊嚴，對於個人人格與生命之尊重。而人的尊嚴是在於對自己的認知與意識中，人與動物之不同在於人有理智，可以認知真理、自我意識並實踐自由意志。因此人會重視自己，同時也學習重視他人，重視自己與重視他人便是一種道德人格的朔型，尊重個人生命便是個人道德的基本，是生活中的義務，因此人擁有阻止侵犯生命的權利。保護、支持人自然的生命，就是人的消極義務，而在這狀況下，人不應該自殺。

二、社會倫理

社會是來自鄉民之眾或是人之相伙，而人與人之間互相幫助，產生社會的原因就是家庭，個人不能自生，須來自其父母，夫婦便是社會之基礎——家庭，有了家庭的發產，才有後續集結眾多家庭而成的國家，才有爾後的國與國之間的國際問題。社會倫理有別於個人倫理，就在於共同的約定與共同的關係，個人倫理在只有自己而言，只需要維護自己生命的義務，但是到了社會倫理，卻不只是維護生命而已，而是要有合作觀念，為了共同的目標，而有所結合，而這種結合並不是沒有規則的，權利是這個共同行為的規則，共同行為只有在規則的指導之下，才能達到共同的目的，這個規則是必然的、也是自然非人為的。[7]

自然社會與權利的根基，是不同於法律社會的根基，法律是符合合法性問題，而在一個自然的社會當中，不一定是個合法的社會，當這樣的自然社會邁向法律社會時，就有可能有不正義的法律存在於其中。趙雅博認為在一個社會

5　趙雅博，《中外特殊倫理學》，頁 40～41。
6　趙雅博，《中外特殊倫理學》，頁 45～46。
7　趙雅博，《中外特殊倫理學》，頁 1～2。

成立時,都有兩個要素,一個是意見的要素(或是信仰),一個是力量[8]的要素。前者是與集體性連結為一的,只共同的目的;後者是指指導朝向集體性連結方向連結在一起的能力,可以說力量要素乃是影響意見(或是信仰)的要素。

　　一個社會的產生,乃是由於人們認為他有利益或必要時,才會成立,因此家庭與家庭間產生政府,政府的形式不被滿意時,人可以推翻政府,因此無德、無能或無力的政府社會,自然會因為輿論而消失,至於暴政的政府,趙雅博認為不允許言論自由或實施恐怖政策也只能存在一時,因為這個國家沒有真正的團結,所以沒有真正的力量。[9]若在各種社會中建立一個等級,傳統上可將社會分成必要社會與志願社會,獨立社會與附屬社會兩組四種的社會樣貌。必要社會簡單來說就是人所不能脫離的社會,組成必要社會的有家庭與國家,在精神上則有宗教。志願社會則連繫於人的意志,人們有自由形成這些社會的可能,而反之亦然。獨立社會被古人稱作完全社會,是一個自給自足的社會,而完整的社會與領域大小並無關係,而關係到是否擁有完整的機構來保障人民,而達到人民的共同利益,形成持久的社會。附屬社會則為不同的集體利益,不同於國家以外的社會團體,這些具有社會有附屬性質,故此趙雅博認為應該肯定有獨立的與附屬的社會。趙雅博認為在獨立的社會中,也就是有系統性、機構性的自主社會中,國家的權力只是相對至上,並不是絕對至上的,行政與處事必須以道德真理為標準,國家不能走入極權,因為極權乃違背天理的,個人的基本權利更是任何國法所不能被限制的。另外趙雅博也認為若有國際的組織,是越來越必要的,因為國家自須走入國際之間,因此特殊倫理學也是如此,社會倫理就是從家庭到國家(政治),接續到國際的特殊倫理學。[10]

三、家庭倫理

　　在社會倫理中,家庭,是其最基本的單位,是社會中最早形成的社會,原

8　筆者認為在這裡趙雅博所指的力量其實有包含權力在這其中,是指影響他人行為的能力。趙雅博,《中外特殊倫理學》,頁6。

9　趙雅博,《中外特殊倫理學》,頁6～7。

10　趙雅博,《中外特殊倫理學》,頁12～17。趙雅博在談論家庭倫理時,不只在《中外特殊倫理學》中有討論,在《倫理道德教育與性教育》一書中也有提及部分,且與《家庭倫理問題面面觀》大同小異,故筆者在本論文以《中外特殊倫理學》與《倫理道德教育與性教育》為主。趙雅博,《家庭倫理問題面面觀》,台南市:聞道出版社,1985年,頁5。

始的家庭來自一夫一妻制並終身制，由男女所組成，因為無兩性不能傳生，[11]
由於兩性的結合並互相照顧，進而照顧初生者，這樣的生活方式自然形成了
家庭，而人們也發現聚眾比起離散對家庭還要有益處，爾後就有可能產生家
族、氏族或宗族等較大的家庭系統。但家庭也隨著時代而演變，隨時代演變的
原因有宗教原因、社會原因、經濟原因、心理與身理因素的原因等不同的原
因，讓家庭的觀念演變，但何謂家庭真正的觀念呢？家庭最自然的權利首先為
生兒育女，綿延人類；其次是教育子女，形成更大的社會。也因為人有愛，才
會組成家庭，有愛才會希望教育子女，因為愛使家庭達到長期性的共存使家庭
達到最大的利益，顧家庭構成的重要，家庭是構成倫理成長的地方，從社會
的基礎開始學習倫理，才會有辦法使社會有倫理，家庭是道德與幸福的基本
因素，家庭也是社會繼續性的原則，因為家庭的教育可以保存傳統與文化，而
在家庭的教育中學習愛與合作，因此一個國家的道德水準，家庭關係是更大
的。[12]趙雅博主張家庭是進步、安定與和平的力量，要有國泰民安，一定要有
真正的家庭，擁有真愛的家庭，因此人與人相親、相敬，才能給社會帶來真正
和平的生活。[13]

四、政治倫理

　　政治倫理也就是國家倫理，至於國家是什麼？趙雅博認為國家是人們組
織成為團體的聚合，為的是對人民服務，使人民獲得所期待的政治社會狀態，
是有組織的人類社會。人是國家的目的，但反之並非如此，國家不是人的目
的，國家對人只有使人民獲得公益這目的，而沒有個人，便沒有國家的存在，
顧國家必須保護人民有其最基本權利。[14]趙雅博花了許多的篇幅在談論何謂
國家、國家的種類、國家的權力等許多政治的定義在其中，直到其《中外特殊
倫理學》的第六章政治倫理學（下）部分的第二節，才正式切入政治與道德之
間的關係，趙雅博認為現今的人們都是本位主義，個人認為自己的最重要，例
如司法者認為法律至上，行政者認為政治優先，經濟者認為經濟為主，但趙雅
博提醒，人不是一方面的，人也非完美完善，故此還有超越人的真準則存在，

11　但趙雅博也認為由一夫一妻所成立的家庭也不一定有後代。趙雅博，《中外特殊倫
　　理學》，頁83。
12　趙雅博，《中外特殊倫理學》，頁81～103。
13　趙雅博，《哲學新論》（卷四），頁1301。趙雅博，《西方當代哲學》，頁512。
14　趙雅博，《中外特殊倫理學》，頁175～179。

並非「人乃一切萬物的尺度」。趙雅博提出現今的政治家大都認為政治是政治，並不需要操心道德，認為政治是非道的。[15]一個政治組織在其基本上是不帶有道德特徵的，但道德乃是人的行為，政治既是人的行為，自然也就在道德的範疇之中，故趙雅博認為政治與道德是很有關係的，並非與道德一點關係都沒有。道德是人的基本，是人經由理智與意志的參與，為了選擇真理（或說幸福）而產生的行為，這就是道德，是人的意志，而行政機構就是要帶領人民達到人們所選擇的公共利益，選擇公益就是讓人民有機會選擇幸福，所以政治是與道德有關係的。

趙雅博認為政治必須有一些原則來作指導，第一原則是社會管理須有統一性，政府才有力。第二原則是有力的政府必須受限制，才不會無限上綱自身權力，導致濫用。第三原則為政府必要的不長久性，社會生活的改變就連憲法也需要因應社會的變遷，除了道德基本法「行善避惡」外，其餘適度重修、汰舊更新。第四點原則則是機構的恆久性，也就是在不是為了公益的情況下，法律不應該改變。趙雅博認為在這裡會產生第三原則與第四原則的矛盾感，但這是有解決之道，就是「中庸」，內容為「改正機構，但要明智」，就筆者的看法而言，這句話應該表示：「適時候修法，且修法內容不影響大原則，並須增進國家公共利益。」[16]

趙雅博在此也提出，無法說出某的政體是好的原則，因為一個適宜的國家政體會因為環境、民族、風俗、宗教、地理、政治關係、財富、文化等受不同因素的關係所影響，因此哪個政體好，只能從後天事實去批判，因此不會產生絕對政體，因為人不是真假對錯最後的決定者，就趙雅博而言最後的決定者乃神，人並非完美完善，因此不可能從相對中產生絕對的政體。政治倫理對趙雅博來說，無論以什麼方式都必須是以人民公益為本，只要非人民公益就沒有存在價值。[17]

五、國際倫理學

從個人到家庭，家庭到國家，社會中都倫理道德，而全世界有著不同的國家，因此國家與國家之間自然有所來往，自然這也是人與人之間的行為過

---

15 趙雅博後續有說明，這裡的「非道德」不一定是反對道德的，而是說明政治家認為不需要道德介入政治中。趙雅博，《中外特殊倫理學》，頁 326～327。

16 趙雅博，《中外特殊倫理學》，頁 329～334。

17 趙雅博，《中外特殊倫理學》，頁 335～379。

程，那就屬於道德行為的性質，因為是國與國之間的倫理道德，才會被稱之為國際倫理道德。

　　每個國家皆有自立、獨立、自由、最高權力、彼此平等，也是構成了人與人的關係，自然就有倫理道德了。因為人類彼此互通，因此四海皆兄弟，在這之間也會產生責任與義務，國家是人類自然的產物，國家是為了人民的公益產生，而每個國家都應該將人民的公益為其目的，在這樣的狀況下，每個國家的目的都是為了人類的公益而產生，因此每個國家都會產生共同性，每個人也都有自然法的限制，站在這個立場上，國際乃是國家與國家的組成，也是許多人民的集結，自然也受到自然法的約束，也因為這樣形成道德倫理的典範，故在國際間自然產生國際的倫理來，而國際法的基礎也就建立在人所共有的自然法上。[18]

　　究竟自然法與國際法的關係如何？要從羅馬時期開始說起，當時的羅馬已經發展出類似國際法的概念在其中，從西元前三年到西元二十七年，羅馬帝國有著健全的法律制度——羅馬法，當時的法律（羅馬法）分為三大類：首先是自然法（Jus Nature），羅馬帝國的市民法為各城邦所制定，處理各城邦之內的事情，是特定城邦的習慣法（不成文），也是根據自然法而訂定出市民法與萬民法的內容，等於其當時法律之基礎。其次為市民法（或譯民法，Jus civile），屬於城邦之間各自為政的時期，當時便是仰賴市民法為主要法條，市民法的產生是由習慣法（自然法）而來的成文法；最後為萬民法（Jus gentium），西元二十七年後，因為外來居民得不到羅馬法律的保護，產生反抗與鬥爭後，萬民法為此而興起，保障非羅馬市民的權益。[19]趙雅博認為萬民法也就是最早國際商法的開始，也轉變成爾後的國際法，因此自然法與國際法（萬民法）是一致的。[20]根據上述的傳統演變至今，國際法是根據自然法而來，因此國際法不應該違反自然法，這也是保障人最基本的權利，並且自然法的原則為「行善避惡」，這也是所有人類共同的客觀定律。

　　政治權利是指根據個人權利而來保護個人權利，此為政治權利並非自然權利，屬於人的權利，提升到國際層面則為國際權利。一個國家要進入國際團體絕對要有保護個人基本權利的法律，也必須遵守國際公法才能與其他國家

18　趙雅博，《中外特殊倫理學》，頁 383～385。

19　劉沐比，《聖多瑪斯《神學大全》中的自然法》，天主教輔仁大學宗教研究所碩士論文，2016 年，頁 19。

20　趙雅博，《中外特殊倫理學》，頁 386。

往來，國際公法雖為國際所訂定，但其效力並非國家承認才有，乃是國家必須承認，因為國際法的來源為人的社會性，人是社會（政治）的動物，社會性來自於自然權利，是來自人性尊嚴，故此國際法乃是源自於自然法，國際法不應該違反自然法，而自然法就是上段所說的「行善避惡」之原則，就是自然道德律，如此一來國際法與倫理的關係，趙雅博也在此說明清楚了。[21]

六、宗教倫理

宗教倫理是趙雅博在特殊倫理學中的特色，除了會看到在任何的論點上，趙雅博都會帶入新士林哲學的色彩在其中，任何倫理觀點趙雅博都會站在宗教的立場上看待，總而言之，趙雅博的倫理觀與宗教觀密切結合，因此趙雅博在《中外特殊倫理學》一書的最後，將宗教倫理放入其中，特別談論宗教倫理的部分。

人是理性的動物，有肉體，也有精神實體，而人的理智有尋找絕對真理的要求，人的意志也有把握對善的抉擇，而人無法滿足於有限，而是不斷尋找永恆的無限，最後將會尋找永恆的思想，並進入尋找神的觀念上，而神的觀念，一直有著不同方式的呈現，但在此趙雅博認為有些人認為神是一種想像的產物、是兒童的標記、是人類的幼稚，諸如此類的說法並非能成為一個足夠的證據，不會因此將神的觀念的實在性與歷史性給抹滅。因為人理智的作用便在於將所認識的智識提升到更高級的觀念，理智只能提供事實，無權創造主觀與客觀，要將黑說成白的事情理智做不到，雖然意志的部分可以，但這就是否定理智的天性，是一種反理智的表現。因此若說神的存在只是個觀念，自然說理智在這觀點上並沒有作用，那就表示人認知的基本能力出了問題，那會導致人所有的邏輯結構都會錯且不真實，那人是否還有其價值呢？再者，人的感官也有其基本作用與其對象，在完整的條件下是不會有錯誤的，人的感官也有其普遍性，若從感官這點來說，人的歷史上在不同的地方都有超越實在的觀念，使人可以在其觀察與研討中獲得一個目標，這個目標也是稱之為神了。[22]

趙雅博反駁說神是想像的人，趙雅博認為人的思想屬於個人，是理念的，期對象不應該是空虛的，而是反映事實的，應該是反映事實的，應該肯定超越性。由於人有神的觀念，也因為人有理性，而只有人有神的觀念，動物沒有這

21 趙雅博，《中外特殊倫理學》，頁 387～388。
22 趙雅博，《中外特殊倫理學》，頁 497～501。

樣的觀念，所以人才是宗教的動物，而宗教是一種宇宙觀，宗教在人的歷史中，佔有很重要的一環。人有尋找真理的理智與行善的意志，這是人最自然的狀態，就像人擁有自然法，會行善避惡一樣，宗教方面也是如此，宗教的教義、儀式等信仰都是為了崇高正義，邁向真理。從神的存在中，可以解決萬物的存在問題，社會的需要並道德的需要，在追求無限、追求真理、追求幸福與追求永恆的過程中，人許多的問題就都有了解決。[23]趙雅博認為世人不能排斥宗教的問題，尤其是宗教確實也解決了不少生命中難解的問題，因此應該多去討論宗教，而不是認為這只是一種想像，趙雅博認為人可以從人的身上看到道德律，而這道德律來自於更高的存有就是神。而趙雅博認為作為一個基督徒（天主教徒），如果要運用人與生俱來就擁有「追求完美的心」，自然要落實在修德行善上。在此可看見趙雅博對於修德行善的認同，也認為需要「落實」，因此要修習德行、習慣德行，並且實踐德行，並與上帝連結，才是真正的基督信徒。[24]

　　特殊倫理學是從基本倫理學衍生出來，探討人的行為之運用，像是在個人與社會（家庭、國家與國際間），又或是宗教上，不同場域的行為狀況，是基本倫理學的應用，但本節筆者只運用趙雅博來說明倫理道德的運用，並未說明完全倫理道德是如何學習或教育的，故此在下一節（本論文第四章第二節）要討論的是倫理的教育與實踐，透過第四章第二節說明倫理教育的重要性，與學習後、習慣後，去執行，所謂「知行合一」的重要性，強調趙雅博所提倡的倫理道德並不只是知道，還要有所行為。

第二節　倫理的教育與實踐

　　本節主要採用《倫理道德教育與性教育》一書來當作趙雅博倫理教育的教學方法，在該書中，趙雅博談論許多倫理教育的方式，都會在本章本節提出，並試圖結合實踐的方法在其中，雖然其實踐方法並不是討論具體案例，而是分析出實踐的原則，是大方向的討論，證明趙雅博的教育不只是理論還是實踐方式的教學。筆者將本節分為「倫理道德教育的價值與目的」、「倫理道德教育的方式與傳播」、「倫理道德行為的實踐過程」三大方向來討論。透過三大方向來

23　趙雅博，《中外特殊倫理學》，頁 501～506。
24　趙雅博，《愛在修會中》，台中市：天主教耀漢小兄弟會，1999 年，頁 40。

說明趙雅博所認為「知行合一」的重要性。

一、倫理道德教育的價值與目的

　　趙雅博對於倫理道道德教育的看法為必需的,尤其是倫理相對主義的出現,隨著世界多元化的發展,大眾幾乎認為倫理相對主義是「絕對真理」,在此趙雅博諷刺道:「啊!人類真是奇快而可笑,一方面主張倫理道德的相對性,而另方面又承認這樣的主張(指相對性),乃是絕對性的。」[25]趙雅博認為在倫理道德有了相對性主張的同時,道德就已經失去其絕對性了,也就是說倫理相對性的主張一出來時,可以說任何行為都沒有絕對的道德了,重視個人主義的當今,也認為個人是一切作為的尺量與標準,進而說明了沒有普遍道德,而且對一件事情的對與錯,可以跟著情勢改變,變成人可以自訂倫理與道德,趙雅博認為這樣最終的結果會導致人人是道德的詮釋者,任何行為(就算侵犯到他人)都成為有道德的,成了一個無法無天的世界。在趙雅博主張倫理相對性是錯誤的,倫理相對化的結果會導致人顛倒是非,以悖理當真理,故此需要倫理道德的教育,對於倫理道德的教導,培養倫理道德行為,因為行為是出自於思想,若沒有給予正確的思想,並教導是非對錯,就不會有安和樂利的家庭與社會,更別說是國家或國際了,趙雅博提倡落實倫理道德的「身教言教」,注重倫理道德的教育。[26]

　　趙雅博認為所謂「齊家、治國、平天下」應該從教育開始,而教育的內容必須以「道德」為主來施教,教育的目的是要摘陪「完人」,要人表現人的完美,而人之所以為人之尊嚴,並不在知識的高深,而是在道德的完整。[27]而傳統的教育與觀念中,都是以道德為主在進行教育。[28]使人成為完人,道德教育為先,知識固然是重要的因素,但道德是成為完人的必要條件,知識則是充分條件,知識的目的是使人修德行善,知識達到明德的作用,使人朝向做完善的人發展。趙雅博在道德教育上提醒重要的一點:「在道德上,沒有所謂新舊,只有道德而已。」道德並不受古今中外的影響,不受時空與環境的干擾,

---

25 同註釋 90。趙雅博,《倫理道德教育與性教育》,頁 11。
26 趙雅博,《倫理道德教育與性教育》,頁 11~13。
27 趙雅博,《倫理道德教育與性教育》,頁 15~16。
28 《禮記·大學》:「大學之道,在明明德,在親民,在止於至善。」;《禮記·中庸》:「天命之謂性,率性之謂道,修道之謂教。」;《論語·學而》「弟子入則孝,出則弟,謹而信,汎愛眾,而親仁。行有餘力,則以學文。」。以上都說明了道德教育的重要與優先性。

在道德的客觀內容中固然是有變化的，這些變化出自於偶有性的條件，但排除偶有性的道德價值外，在這些價值以上，卻存在永恆的道德價值。雖說倫理道德可以是變動的，但這變動並不是道德本質的變動，也不是觀念的變動，而是某個道德事實的變動，道德本質是不變的，這樣說來道德的教育也必須是持續的，趙雅博主張道德的教育是永恆的，因為道德是永恆不變的，而道德不可能從人類中剔除，因此道德教育也會變成永恆的。趙雅博認為道德教育，大眾都知道要革新其方法，但總是不成章法、支離破碎，終究未能統一，因此在道德教育上必須先有道德教育是永恆的觀點，並依照該意義來安頓道德教育，強調並沒有新舊道德的存在，只有道德本身，故能在人的心中建立擁有普遍性的道德教育。[29]

說到倫理道德觀念無疑地必須討論到其所在的環境或處境，環境會影響倫理道德觀念的「表面相對性」[30]，有時是因為社會經濟組織的關係，甚至趙雅博認為天時與地利都會影響其改變，在這些狀況下，人們只會看到倫理道德之事實的部分性，但趙雅博也提醒，應該由此部分性推向真理的完整性，達到絕對真理與無上道德性，是由變化到不變，由暫時到永恆的過程。因為在不同的行為中，可以清楚看見個人價值的存在，而只要稍微運用理智便能發現這其中的普遍性，也就是人倫理道德的判斷原則：「行善避惡」，在這普遍原則之下，會有變化與不同之處，只是細節的行為而已。

知道倫理道德的原則後，也必須了解為何人在倫理道德上會產生問題，因為人有兩種天性「利己（自私）」或「利他（無私）」[31]，每個人都利己的心，在倫理道德教育中更是需要去重視這點，在倫理道德教育中，除了強調利他

---

29 趙雅博，《倫理道德教育與性教育》，頁 16～24。

30 趙雅博並未說明倫理觀念的表面相對性為何，但若從其觀念去理解，筆者認為如趙雅博先前所說，倫理道德在本質上是具永恆的、不變的與普遍的，故此倫理道德的表面相對性是指在絕對當中可以允許相對性的出現，但此相對性並不會也不可能破壞絕對本身，因此這邊所說倫理觀念的表面相對性就是指不影響倫理道德觀念之本質的次要觀念。趙雅博，《倫理道德教育與性教育》，頁 25。

31 趙雅博在此用了「自私」與「利他」來做人之天性解說。筆者認為「自私」一詞有貶抑，使用之時有別於「利己」，「自私」是過分的「利己」情緒，是與「利他」相衝突，趙雅博有時所使用的「自私」一詞似乎不到如此嚴重，只到達「利己」程度，因此筆者會根據其寫作手法來改變用詞，當重視自我意志未與「利他」情緒衝突時，筆者認為只是「利己」，而有衝突時，筆者會改為「自私」；又或許可以說公正的「利他」，是一種「無私」的情緒表現。趙雅博，《倫理道德教育與性教育》，頁 27～30。

的理論以外，不能忽視人會利己，甚至是自私的這一部份。趙雅博認為在學理
上的倫理道德是利他主義的，但純理學的倫理道德是一種理想，理想不是實
際，而理想也時常達不到實際，道德教育乃是實際的工作，故此情況下，不能
不談論人利己或自私的一面，因為這是一個有價值的觀念，只要是人就無例外
都有利己的一面。例如：嬰兒為肚子餓而哭鬧，那是由於嬰兒時期無法理性的
作主，因此在其成長過程家人必須要教導他學習並獲得良好的習慣，協助兒童
（或無經驗者）改善自己，避免變成自私的人，因為自私時常會覺得一切有利
於自己的皆為善，這樣可能會導致成為實用主義或功利主義的道德主張，一切
看效益或結果來判斷善惡，趙雅博認為這樣的道德並不是真正的道德。自私是
會影響社會性，而社會的形成是由於人的團結性而產生，自私便成為會影響團
體的個體，但趙雅博如此說明團結性的道德問題，因團結性所組成的團體在道
德實踐上經常會搞小團體式的道德，像是同鄉愛、同會愛、道德重整會或慈善
組織等，但實際上道德教育的實施並不應該是在小團體當中，而是要有團結情
感，要有大公無私，才有道德的實在價值。趙雅博提倡倫理道德的教育必須從
個人開始，個人的人格是道德的基礎，趙雅博認為沒有個人道德，則無社會道
德，而社會道德教育，絕對不能違反個人道德教育來實施，倫理道德教育既不
是建立在自私上面，也不是建立在團體上，而是建立在人格人性尊嚴上，教育
為的是道德人格的完全發展。[32]趙雅博也接續說道德中的「利他感」，利他感
是自然產生的，人天生就擁有，因此趙雅博認為如果說社會是嚴格建立在共同
生活的約定中，那就無法理解何為道德。絕對的利己（自私）或是純粹的利他
（無私）都是不信的主張，或多或少人都有利己或利他的經驗，偶爾也可能有
自私或無私的經驗，但這兩個情緒不可能保持是「絕對的」或「純粹的」的狀
態，趙雅博認為人之所以為人，不能壞到「絕對或純粹」的地步，[33]這也是趙
雅博堅持道德教育的可能性，而從教育者身上散發出來的情緒與行為會影響
到學習者，在這樣的情況下，好的情緒與行為這會完成道德教育的教導，因此
不管家庭或學校，教導者都必須擁有好心善願，進而進行道德教育的實施。[34]
筆者認為換句話來說，趙雅博應該認為沒有保持這樣心態的人，不適合當教育

---

32 趙雅博，《倫理道德教育與性教育》，頁 27～34。

33 因為人的有限性，不可能到「完美」，而「惡是善的缺乏」，在人不可能有完全的
善，因此不可能到全惡，趙雅博是基於此點來主張人不能保持「絕對的」狀態狀
態。

34 趙雅博，《倫理道德教育與性教育》，頁 35～36

者，因為教育以道德優先，知識為其次。談論完趙雅博認為的「倫理道德教育的價值與目的」後，接續要探討的是其倫理道德的教育方式與傳播。

二、倫理道德教育的方式與傳播

趙雅博在述說道德教育的方式與傳播時，有談論到當代的一個議題，就是「責任感」的問題，責任是當代很少談論的事情，彷彿大眾不願意談論責任，但願意談論自由，趙雅博對於現代標語：「不自由，毋寧死」的見解為：「沒有責任的人，就不會是自由的。」[35]，意思是指一個人若不是以完全的意志，負起自己的行為責任的條件下，就不會是自由的，例如：法律上孩童是不負行為，孩童在此時也不是（不知）自由的。[36]在此趙雅博提出若現代教育主張兒童在學校完全獨立，甚至大學的訓育交付學生，完全學生自治與自我管理。若不是想譁眾取寵的話，這是相當愚昧的辦法，因為孩童與一般學生大多無責任感，只想享有自由，要自由而不要責任，若如此教育孩童或學生，道德教育自然變得一蹋糊塗了。趙雅博主張人沒有絕對的自由，有責任始有自由，人必然會受到一些約束。所以說孩童為何需要被限制更多的自由，是因為孩童所需付的責任少，而成人們必須在孩童所需的責任少時，教導孩童什麼是責任，在這樣道德教育下，孩童遇到事情時其良心與責任感就會指導他的行為，使他的判斷更清楚，自然而然會謹慎自己的所作所為。要享受自由，就必須對自己的行為有責任感，為了讓孩童與學生更有責任感，教育者就必須有責任感，且必須將責任感教育給孩童與學生，使他們可以在某種程度上的決定自由。而責任感乃是倫理道德教育的重點之一。[37]

在倫理道德教育的重要性上，趙雅博的主張是家庭教育大於學校教育的，趙雅博認為家庭的基本倫理學先於國家法律之先，國法法律應該保護家庭倫理道德，讓家庭倫理可以日益加增。[38]家庭由「愛」產生，並且維持並持續了

---

35 趙雅博，《倫理道德教育與性教育》，頁 37。
36 我國民法第 12 條：「滿二十歲為成年。」（表示完全行為能力者）；民法第 13 條：「未滿七歲之未成年人，無行為能力。滿七歲以上之未成年人，有限制行為能力。未成年人已結婚者，有行為能力。」
37 趙雅博，《倫理道德教育與性教育》，頁 37～39。
38 從趙雅博的道德教育的重要性來說：家庭＞學校＞法律。家庭教育遠比法律上的約束與強制性來得有意義並且更是根本問題，法律只是利用強制力來嚇阻人，並非一定要有道德意識，而原生家庭的影響會使人的道德教育有基礎，只人更明白自然法。

生命,而兩性之愛的結合產生孩子,這種結合不只是肉體之愛,也有精神上的結合,且是平等的結合,而孩子的出生使男女兩性的統一,孩子成為一個整體,是夫妻人格而來代有兩人的整體投射,筆者認為在這裡趙雅博強調了原生家庭的影響,也是道德教育的表現。家庭是道德與幸福的基本因素,兒童受教育的時代至成年時期,都需要有家庭,趙雅博認為一個國家的水準,家庭關係是更大的,人若沒有家庭,只有少數有特殊更高目的者,可以避免家庭的欠缺,避免走入歧途。[39]在家庭倫理中趙雅博也提倡取消謊言、拒絕告密、中止挑撥等,避免孩童學習父母的壞行為,在家庭倫理中,愛的表現為尊重與容忍,需要教導孩童習慣尊重與容忍的德行。[40]若綜合趙雅博對家庭教育所有的看法,筆者利用圖表來表示家庭教育的內容:

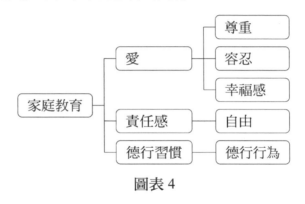

圖表 4

家庭教育包含了愛、幸福感、責任感的教育,讓孩童在家庭中體會到這三者,並學習這三者,使孩童在成長過程中擁有愛,並了解如何愛自己也愛別人,學習尊重別人、容忍別人,在家庭的愛中也得到幸福感。孩童也要在有責任感的價庭教育下長大,知道自己的行為都是必須由自己負責任,慢慢明瞭有責任才有自由,自由是必須負責任的。自由意志給予人的行為有善惡之分,而人類行為須由自己負責之泉源:責任、功過、譴責,皆因自由而生,[41]故此教育時必須告知受教育者,責任來自於自由,而自由必須負起責任。最後家庭使孩童習慣倫理道德,產生德行,並要使其行使倫理道德,產生德行行為,讓孩童時常「行善避惡」,教導其行為之端正。

教育是以完人為目的,然而教育並不等於學校,學校是教育重要的一環,

---

39 趙雅博,《中外特殊倫理學》,頁 97～102。

40 趙雅博,《倫理道德教育與性教育》,頁 44～45。

41 趙雅博,《中外哲學概論之比較研究(下冊)》,頁 395。

談完家庭基本的道德教育後，趙雅博要談論的是學校的教育，學校在道德教育不過是合作者而已，趙雅博認為在國中前（十一、二歲前），在家庭教育的影響來得比學校還要多，但不是說這時學校的教育就不重要，[42]故此國中以後會學習到新的要素，並開始參與社會環境，學校對於人的道德教育是相當重要的影響，因此師長應該大幅度提升自己對於學生道德教育的責任，但也不要產生學校可以完全左右學生的道德責任，不要認為學校是唯一的教育場所。[43]學校對於當道德行為之影響有其重要的所在，像是學校的環境、工作與教誨等都會影響孩童的道德教育。以下就來談論這三點：

（一）環境

首先提到「環境」，校園環境是普遍的孩童第一個接觸較為像似社會環境的場所，這是以權利平等的情況下與他人生活著，活在家庭以外的場所，因此在校園環境中，這個比家庭更大且不同的公共團體共同生活時，教育者必須使孩童有良好的環境，讓他們在學校的環境中，可以自發的實踐道德行為，在這裡趙雅博特別提到「自發性」，趙雅博主張排除一切有意的干預，道德的環境並不會因為對學生的監視而形成，道德也不是強迫學生注意自己行為的道德效果或效法他人榜樣而培植出來，道德教育並不是這樣產生，而是要在充滿自然與快樂的情況下，孩童快樂使教師快樂，促成一個愛的環境，一種友誼的氛圍，在加入正義與彼此重視的精神，產生師生間的彼此尊重與信任，在這樣的情況下道德教育自然成為一股力量。

（二）工作

工作也是學校道德教育需要有的一環，不論自發性或是分派性的工作，都是道德教育的方法，工作可以使學生擁有勞動、秩序、結伴、自發的合作等習慣，附加產生友誼、互助、尊重的精神，使學生重視自己的工作，並且是同學的利益為自己的利益，實現「己欲立而立人，己欲達而達人」[44]的想法，趙雅博強調若學校達到這樣對「工作」擁有正確觀念並互助的狀態時，道德教育不會是一件難事，生活與工作自然會得到良好的道德教育，在這過程中學生與學

---

42 這裡的教育指的是道德或精神上的教育並不是知識上的教育。

43 趙雅博在此是用「我們還應該排拒一種主張，認為學校是唯一無二的教育機構。」若以趙雅博想表達的意思，是指學校並不是唯一能教育孩童的地方，像是家庭也是重要的教育處。故筆者認為用「場所」代替「機構」會比較妥當，比竟家庭不是「機構」。趙雅博，《倫理道德教育與性教育》，頁 47。

44 《論語·雍也》與《論語·德化》都有所紀載。

生，甚至學生與教師們會彼此了解與同情，雖會有分歧，但更可以看到彼此的合作。[45]

趙雅博認為在目前的社會中，人們將工作弄成了神話，現代的人將工作看得比什麼都重要，工作至高，工作成為了義務也成為了目的，工作就是為工作，人們成為機械式的，對工作沒有一點興趣與愛好。但工作的主要目的是要變成一個在社會中對社會有益的人，而道德教育應該在此將工作的態度與價值導入正軌，以工作為滿足自己的目的或責任來代替工作為利益的想法，工作是有更高價值的，也具有道德教育，對於工作價值的重建，便是道德教育的用意，不然人只會成為大工廠下的附屬品，工作失去發展身心的價值，忍受著工作只為的是生存必要的薪水而已，長期的習慣成為了工作性的危機。[46]

學校必須教導孩童們工作的意義，淘汰工作的職業性意義，教育孩童「工作是人文價值的發展」，工作不是為客觀經濟利益，而是為主體（社會）的完善，是一種共同工作中同伴愛的合作表現。但在教育孩童們工作價值的同時，有時是出於給予命令的工作，有時則是自由的，但不論是個人的工作或團體的工作，都是要根據孩童自己的自由意志，而不是由教師誘導，這樣孩童會深深覺得工作是屬於個人的，同時也教育了孩童的責任感，同時要教育孩童不要被「工作是在中意的條件下才做」的觀念給框架住，必須杜絕這樣的觀念，也要放棄「為利益而工作」的觀念，要教育孩童自動努力去工作，讓他覺得工作是溫馨的一件事情，這就是道德教育的一部份，溫馨的開始，溫馨的結束，即便是在被迫的工作時，教師命令孩童去工作時，也要使孩童感覺出這是人性尊嚴的需要，孩童自然就會快樂去執行工作了，教育者們也必須教導工作中的自由，並不是空洞的願意去作，而不想加以完成，例如現代人不想去上班的心情。趙雅博認為開始而不結束的自由，不是真的自由，是誤解了自由的教育，因此學校的道德教育必須教導孩童理解這些。[47]

（三）教誨

學校工作中的一切行為，皆有倫理道德的內容，故大多數的教誨中也是如此，道德教育的行為比起在智力工作來說更為重要，一切教育的行為，都會有

---

45 趙雅博，《倫理道德教育與性教育》，頁 49～50。
46 這一段趙雅博所說的工作包含了職業，並非只在學校教育孩童而給的工作而已。
　　趙雅博，《倫理道德教育與性教育》，頁 41～42。
47 趙雅博，《倫理道德教育與性教育》，頁 41～44。

意想不到的結果，直接或間接都對道德教育有協助的力量。以教育為任務的人，必須樹立自己良好的榜樣，來作教育學生的範例，沒有良好的榜樣，一切方法都無力量，身教的榜樣是倫理道德教育的基本方法之一，榜樣不是純粹的行為，乃是證實並充滿內容的行為，與主體並目的相同，但榜樣不是萬靈丹，只有在適當的時機與處理之下才會有所效果。[48]

趙雅博認為競爭在道德教育上是危險的作法，因為道德有團結之力，而競爭容易彼此疏離，競爭應該是與自己競爭，一天比一天更好，而不是與他人競爭，與自己的競爭讓自己超越自己，所需要的是鼓勵，但鼓勵也不完全都是好，需要明智的使用，有鼓勵並改正學生的錯誤，讓他們感受到教師對於他們的愛護，學生的道德教育上就會有所進步與成效。懲罰雖然說是下策，但有必要時也要使用，趙雅博認為若說取消獎懲，那只是烏托邦德空想罷了，世界上沒有壞孩童，但孩童有時會有過犯，為此適當的獎懲是應該存在的，但必須考慮到被獎懲者的人性尊嚴，不應該影響到其人性尊嚴。[49]

趙雅博認為良好的態度，也是道德教育非常重要的部分，有禮貌的好舉止，可以說是道德的典型，當然不外乎會有偽君子的出現，但趙雅博認為態度會製造習慣，而習慣會影響內心，而偽君子的出現便是因為一個人沒有習慣內外如一的態度，會變得虛偽做作，但有時虛偽做作又比粗暴沒禮貌好一些，趙雅博認為態度是值得重視與發展的，當然最終還是要達到表裡如一的態度。由於好的態度創造出由外而內的道德教育，從外在行為的教育到內在行為的朔型，良好的態度是有可以使道德逐漸進入心中的。同時教育者也要注意孩童的習慣形成，因為對於習慣的重視，就是一種道德教育，習慣尤其影響到道德的實踐，故須有好的習慣使人學習，而好的習慣來自好的典範的模仿，故要讓孩童有值得學習的對象，否則任何壞的習慣都有可能影響到孩童，甚至成為他們的壞習慣。[50]例如在家庭倫理有說過的要取消謊言、拒絕告密、中止挑撥，這並不是只有在家庭需要重視的道德教育，在學校甚至出社會都是如此，在學校最需要的是改正學生的謊言，這是學生最容易犯的過失，閩南語俚語說得好「細漢偷挽匏，大漢偷牽牛」[51]，若小時候沒有將其說謊的缺點教育好，未來

---

48 趙雅博，《倫理道德教育與性教育》，頁 51～53。

49 趙雅博，《倫理道德教育與性教育》，頁 53～54。

50 趙雅博，《倫理道德教育與性教育》，頁 55～56。

51 讀音 *Sè-hàn thau bán pû, tuā-hàn thau khan gû*。該句話用來說明教育的重要，指若是縱容小孩子的小錯誤，會使其養成惡習，長大後會更為變本加厲。教育部《台

可是更容易陷入其他缺點，孩童撒謊的心理情形是因為孩童多在想像（幻想）的世界，但又當作真正而實在的事實，這樣的狀態下教育者們應該要知道孩童其實比一般所想的還要實際，換句話說孩童知道如何使謊言接近事實以便讓人接受，這時教育者必須細分並判斷其所說之言，不要妄作定論，取得適當證據來取消他的錯誤並使他的幻想消失。[52]而說謊其實就是打破「表裡如一的態度」，故此筆者認為這也是趙雅博特別強調的原因之一。

以上都是趙雅博對於學校在倫理道德教育上的看法，雖然趙雅博在許多的點都沒有說明的非常具體，但其都點出原則讓後輩知道如何學習這些原則，至於運用的部分，確實要考慮到個案的人、事、時、地、物才能有明智的決策出來，這也是考驗教育者們在道德教育前，要先要求好自身的倫理道德，才有辦法做出合宜的判斷，而趙雅博談論的道德教育最大的方式就是以溫馨、快樂的參與來使孩童們自然的習慣倫理道德，自然就會行出德行行為，筆者也將趙雅博學校的倫理道德整理如下圖表：

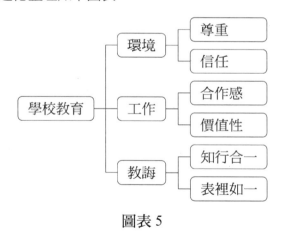

圖表 5

圖表表示學校道德教育必須包含：環境、工作與教悔三大類的道德教育。在學校環境的道德教育，因為學生加入學校的團體生活，應該使學生學習到尊重他人與信任他人；在學校工作上的道德教育，讓學生認知「工作」的意義與目的，並學習團隊的合作，了解工作的價值與自身對於工作的價值性。在學校教誨的道德教育上，讓學生看到師長知行合一的身教，當作其典範來學習，並

灣閩南語常用詞典》https://twblg.dict.edu.tw/holodict_new/result_detail.jsp?source=8&in_idx=06au1&n_no=60275&curpage=1&sample=%E5%81%B7&radiobutton=1&querytarget=2&limit=20&pagenum=1&rowcount=16

52 趙雅博，《倫理道德教育與性教育》，頁 45。

從中學習表裡如一的良好態度。該圖表是筆者所整理出來，描述趙雅博所探討的學校道德教育的教育原則，從原則出發，落實至具體的個案。對趙雅博而言，教育最好的方式是身教，所謂「不言之教」[53]、「其身正，不令而行；其身不正，雖令不從。」[54]都說明了教育不僅是說，還要去行。趙雅博認為教育必須綜合灌輸法（填鴨式）與啟發法（多元探索法），融合兩者的教育方式是最適合實施的方法。[55]

　　學校是社會的縮影，趙雅博教導完學校的道德教育後，就是要探討社會的道德教育，社會的道德教育很廣泛，教育趙雅博把重心放在道德教育的傳播上，趙雅博提出了幾個可以傳播道德教育的途徑：書籍、報刊、戲劇、廣播、電影與電視等，[56]都是可以成為道德教育的傳播途徑，以提升道德教育，使社會安逸、國家盛強，趙雅博認為社會傳播工具不應該為了賺錢而捨棄聖善，傳播罪惡，傳播工具更不能因為賺錢欺騙混亂、顛倒是非、以假當真，故家庭與學校對於「工作價值」的道德教育需要加強的原因在此凸顯出來，傳播工具應以促進社會福祉、增進社會完善為目的，傳播工具是很好的社會倫理道德教育之途徑，需要良好與謹慎使用，便可以達到美好的倫理道德教育之效果。[57]

三、倫理道德行為的實踐過程

　　趙雅博認為人不會因為地位而改變成優越之人（或可稱完人），人在本然方面已經是平等的，而若是比人優越上，則是建立在德行的實踐上。[58]趙雅博認為「知行合一」非常重要的道德教育，但趙雅博對於「西方哲學重知，中國哲學重行」的理論，認為有語意上的矛盾，趙雅博認為就哲學本意乃愛智，使窮理的表現，其對象應該是知識，因此不是知識不能構成哲學，而行為或動作絕非哲學，頂多能說「根據哲學觀念」來行動，因此行為不是理論或知識，故

---

53 《莊子‧知北遊》：「故聖人行不言之教。」
54 《論語‧子路》：「其身正，不令而行；其身不正，雖令不從。」
55 趙雅博，《突破與創新（學術篇）》，台北市：台灣書店，1996年，頁383～384。
56 在趙雅博出該書的年代（1993）網路媒體尚未普及，而行動媒體（WiFi技術、智慧型手機、平板）尚未出現，所以趙雅博未提及或無法提及，因此筆者將放入本論文第五章第二節的當代議題時來討論。
57 趙雅博，《倫理道德教育與性教育》，頁57～60。
58 趙雅博該段敘述主要在說明進入修會者，但筆者認為不只是修道者，而是在任何受過倫理道德教育的人身上都適用。趙雅博，《愛在修會中》，頁59。

應該要說中國哲學比起西方哲學而言，講究倫理行為的知識或理論較多。[59]

　　教育是一件大事，是人類與其他動物有顯著分別的一件大事，人從生到死，不斷的在主動或被動的教育自己。[60]而道德教育可以說是為了培養完人，培養對於倫理道德行為的知識就是為了爾後倫理道德行為的實踐，在這過程中意志、個性與良心的培育就是道德的重點。也是人在倫理道德行為的實踐上具有影響力的三個原因，在這三方面的道德學習與習慣會影響人在行為上，尤其倫理道德行為上的偏好，若是保持良好習慣並且有正確的道德觀念時，人在行為的實踐上，更容易行出德行行為，也更容易成為一個完人，而大家都是朝這方向出發的話，促使家庭和諧、社會安定，自然國家就會繁榮了。趙雅博將道德教育之方法運用在生活中，教導人在教育過程中帶來的成果，這些成果就是要人可以實踐道德行為，而從上述三種道德價值的培養，會影響道德行為的實踐，在本節中要討論如何培養三種道德價值以達到倫理道德行為的實踐。

（一）意志

　　意志的訓練使人在身體與心靈上都有堅定了力量，若是意志被約束，則人將放棄一切自製的努力，而付諸東流了。意志是一個道德價值，一個對付衝動與貪欲傾向的力量，在指導的合宜之下，將產生堅韌的道德力量。在趙雅博的主張下，對意志教育的方法為「撮要在智力的教育與教誨」上面，教育理智、訓練意志，這是教誨最適宜的事情，而在工作中可以實練意志，使意志更加堅定，但必須是傾向善的堅定。[61]

（二）個性

　　當人的意志塑造出一個習慣的常態時，這表示一種意志常態的指向，則可以說是人的個性，而如何陶冶個性，首先要先清楚了解某人的個性，加強其意志傾向，當一個觀念成為主要強力的觀念時，就是一種信念。而理智使人理解真理，意志則是選擇真理，而真理對於附屬在意志的個性，自然而然有其影響性，且會產生決定性，意志會根據理智的建議取捨，而意志會左右個性，故此理智對於個性有相當的影響。對於個性陶冶與養成，他人的鼓勵與指導固然重要，但個人的意志傾向，或者說個人的決定更是不可或缺，若沒有個人的決

---

59 趙雅博，《中外哲學概論之比較研究（下冊）》，頁 428～429。

60 趙雅博，《西方當代哲學》，頁 208。

61 趙雅博，《倫理道德教育與性教育》，頁 61～65。

定，道德教育自然無成效。個性是具受教性的，用理智與意志，能將個性導入正軌中，這當中要有正確且能信服的知識，使其意志產生信念，這對個性來說相當重要，在此筆者認為理智影響意志，意志影響個性，而個性影響行為，自然在倫理過程具有很大的影響力。

（三）良心

個性與意志是行為行事的力量，在屬於人的行為上，可以判斷善惡的，卻不是個性，也不單純是意志，因為意志是下決定，而理智只做真假判斷，因此善惡這種稱為實踐判斷，判斷行為的善惡，就是教由良心來做抉擇。良心是對於某一行為倫理性的實踐判斷，也就是實踐判斷的內在呼應或命令（良知），應用到指定的特殊事件上（良心），這種實踐的判斷有在行為前（良知階段）與行為後（良心階段）的不同。在行為之前，是有關於某個未來行動或行為的實際判斷，是指導的責任，筆者主張這是良知的指導，因為判斷行為對應著自然法，這時是良知指導人的責任，提醒人必須行善避惡；故行為後是因為良心的發動，使人的意志抉擇良知的提醒，良心選擇良知所指導的行為去行使，良心的命令是最後的，也就是實踐的。而一個人的良心對於一生中的行善形惡太重要了，可以說人之所以為人的關鍵，因此趙雅博認為道德教育必須要注意良心的陶冶。[62]

除了上述三種培育外，趙雅博認為在東方，也有一種德行，是西方哲學中最不容易見到的，也就是「禮」[63]。趙雅博認為「禮」在西方沒有一個適宜的

---

62 趙雅博，《倫理道德教育與性教育》，頁 68～70。

63 以下是趙雅博對於「禮」字字義的參考資料：

《禮記・仲尼燕居》：「夫禮所以制中也。」

《禮記・坊記》：「禮者，因人之情而為之節文，以為民坊者也。」

《禮記・祭義》：「君子曰：禮樂不可斯須去身。致樂以治心，則易直子諒之心，油然生矣。易直子諒之心生則樂，樂則安，安則久，久則天，天則神。天則不言而信，神則不怒而威。致樂以治心者也。致禮以治躬則莊敬，莊敬則嚴威。心中斯須不和不樂，而鄙詐之心入之矣；外貌斯須不莊不敬，而慢易之心入之矣。故樂也者，動於內者也，禮也者，動於外者也。樂極和，禮極順。內和而外順，則民瞻其顏色而不與爭也；望其容貌，而眾不生慢易焉。故德輝動乎內，而民莫不承聽；理發乎外，而眾莫不承順。故曰：致禮樂之道，而天下塞焉，舉而措之無難矣。」

《莊子・天下》：「《禮》以道行。」

《左傳・莊公》：「夫禮，所以整民也。」

《左傳・昭公》：「夫禮，天之經也，地之義也，民之行也。」

字，雖然東西方最高道德都是行善，但要達成確實不容易。[64]而在東方為了對人的行為進行克制，而有一種規律，促使倫理道德較可以達成，這規律乃是以事天、順天、法天為動機，結果則施之人事，這便是「禮」，「禮」廣義來說就是人生規律，狹義就是禮節儀式。「禮」乃是人與人之來往須有個規範，對於人行為的制裁，禮節就使秩序，「禮」不但是制定人與人之間的行為秩序，且還是使這秩序合情合理與中庸而和，禮的外在條件是可以改變的，但禮的內在意義卻不可失，若只剩下外在的儀式，卻失去禮的內涵，那就沒有意義了，變成只是第三點開頭所說的「行為」，而非「哲學」，因為沒有倫理理論在其中，只是一種動作而已，而真正的禮應該是保持秩序外，還有恭敬之心。[65]「禮」完全就是本土化的道德教育，而這也是趙雅博認為道德教育中值得培養的習慣，也是「知行合一」的表現。

從趙雅博的說明來看，筆者試圖簡化其理論並說明一個倫理道德行為的實踐過程：人在理智中對於智力的教育與教誨並工作中加強對於意志的訓練，長期意志的習慣構成人的個性，因此在構成個性的過程中，要讓人習慣判斷善惡，並保持行善，故在塑造個性時要有良心的薰陶，使人最後實踐出來的行為是善的行為。

若談到教育之目的，趙雅博認為故今中外都希望修身齊家、治國平天下，這是共同的期望。而教育是一件人從出生到死亡，都一直存在的行為活動，不管是自我教育或是被動教育，人都生活在不斷教育的過程中。[66]趙雅博的倫理學實踐部分，有談到具體的步驟是在教育的部分，趙雅博重視道德教育認為道德教育是提升品格素質與德行的重要性因素，趙雅博認為應說明應教導的倫理道德為何，將其教育原則及方法說明出來，但其中的細節問題，無法說明的非常詳細，畢竟趙雅博有說過道德教育過程還是要因人、事、時、地、物來有所調整，但趙雅博所教導的是指標性的，趙雅博教育教育者如何進行道德的教

《禮記‧禮器》：「禮者，天地之序也。」

《禮記‧禮器》：「禮也者，合於天時，設於地財，順於鬼神，合於人心，理萬物者也。」

《禮記‧樂記》：「禮也者，理之不可易者也。」

64 趙雅博，《中外哲學概論之比較研究（下冊）》，頁 429。趙雅博，《中國文化與現代化（上）》，頁 238。

65 趙雅博，《中外哲學概論之比較研究（下冊）》，頁 430～432。趙雅博，《中國文化與現代化（上）》，頁 240～242。

66 趙雅博，《西方當代哲學》，頁 208。

育，筆者認為只要朝著趙雅博的道德教育方法發展，確實可以提升國民倫理道德教育，因為在現今的道德教育中，道德教育的目標太多元而不明確，更別說是教育的實踐，而趙雅博提出倫理道德教育的原則，在實踐提出的方法與討論中雖無法完整的處理教育者們面臨的所有問題，但趙雅博分享其倫理道德教育的方法使教育者在教育時更有目標，讓教育者在實踐上較不會不知如何做起。趙雅博對於道德教育之重視，提醒國家與社會應發展道德教育，且重視道德教育，至於對於當代教育之影響，筆者於第五章第二節來討論。

第五章　趙雅博倫理學的當代性

　　本章探討基督宗教倫理議題並趙雅博倫理學的基本倫理學和特殊倫理學之當代性串連。宗教與倫理間的重要性，時常被人忽略，但大多數的人都在宗教環境下長大，而大多數的宗教也都有道德的信仰，因此宗教若在道德觀的起源中不起作用，會令人感到驚訝。[1]故此本章針對基督宗教的倫理議題來作探討。

第一節　當前基督宗教的倫理學

　　趙雅博為天主教之神父，其倫理思想與新士林哲學相符合，本節要釐清基督宗教的倫理學觀點，但筆者無法將每個基督宗教派系的倫理學都詳細研究完，故此採基督宗教共同認同的倫理學基礎部分來討論，以便理解基督宗教倫理學的特色與倫理學傳統，並探討基督宗教中共同的倫理學基礎，在本章主要討論新士林哲學倫理學與當代基督宗教的倫理學相同之處（相異之處如上述所說各教派皆有差異，無法詳細討論，故只討論相同之處），可以說是討論當前基督宗教（包含東正教、天主教與新教）的倫理學基礎核心。

　　首先要探討的是何謂基督宗教的倫理學，基督宗教的倫理學有幾個較為獨特之處，有別於其他倫理學，筆者採用賈詩勒（Norman L. Geisler，1932～2019）

1　"Most people were reared in religious environments and most religions promulgate moral beliefs. That is why we should be astonished if religion played no role in the origins and contours of most people's moral views. This claim is sufficiently obvious to grant it without further discuddion. Although true, it is far less significant than many people suppose." Hugh LaFollette, *The Practice of Ethics*, USA:Blackwell Publishing, 2007, p.103.

《基督教倫理學》的前五點，[2]筆者不認同賈詩勒第五點的部分觀點，故不採用，筆者額外加入自身觀察與分析的一點，為基督宗教的倫理學譜寫五種特色：

（一）基督宗教倫理學是以神的旨意為本

基督宗教的倫理是一種神性命令觀點的行式，是一種神性規範，基督宗教倫理的基礎是上帝的旨意，上帝的旨意不會違反其不變的道德本性，對基督宗教來說《聖經》是神的話語、神的啟示，故倫理道德都要合乎《聖經》的教導，因為這就是神的旨意，而上帝的旨意與祂的道德屬性是相符合的。

（二）基督宗教倫理學是絕對的倫理學

對基督宗教而言，上帝的屬性是絕對、永恆、不變、至真、至善、至美、至聖，故上帝的道德責任是絕對的，對每個人都具約束力，上帝的命令就是上帝的意志，人必須服從，而上帝本身的道德屬性，如聖潔、公義、仁愛、真實及憐憫對於人來說都是其絕對的道德規範，人必須負起絕對的道德責任，這絕對的道德責任也是對於全人類具有約束力的。

（三）基督宗教倫理學是以神的啟示為基礎

如同上述所說，基督宗教倫理的基礎是上帝的命令，而這命令是由上帝啟示給人的，分為給全體人類的普遍啟示與給予信徒的特殊啟示，無論如何人類道德責任之基礎仍是上帝的啟示，而自然法（道德律）雖然不在未信仰者的思想中，但卻在其心中，使他們有行道德的傾向。

（四）基督宗教倫理學是具規範性

基督宗教的倫理規範來自於《聖經》，聖經給予信徒們倫理責任的標準，因為聖經是神的啟示與命令，固然帶來了規範性在其中，而信徒們照聖經的標準去行就是一種道德規範的表現，基督宗教的倫理是處理「應然」之問題而非「實然」之問題，故此「應當」如何成為基督信徒，具有其規範性在其中。且規範倫理學的定義來說，規範倫理學採一定的立場，基督宗教倫理學本身就採有以基督宗教為背景的立場，故屬規範性的倫理學之一。[3]

（五）基督宗教倫理學是屬於德行倫理學

從賈詩勒的看法來看，基督宗教倫理學屬於義務論，若有一些失敗的行

---

2 賈詩勒（Norman L. Geisler）著，李永明譯，《基督教倫理學》（*Christian Ethics*），香港：天道書樓有限公司，2000 年，頁 9～13。
3 潘小慧，《德行與倫理：多瑪斯的德行倫理學》，頁 15。

動，但它仍為善，例如愛人而受虧損總比不愛人還好。但從筆者觀點來看，基督宗教的倫理學只有一小部分相似義務論，其本身屬於德行論，此話如何說呢？基督教倫理學家侯活士（Stanley Hauerwas，1940～）在其《品格的群體：基督教倫理學新典範》（*A community of character: toward a constructive Christian social ethic*）一書中，也認為基督教（指新教）是屬於「德行倫理」，基督教倫理學讓人成為有「品格」的人，並認為這就是當今道德所欠缺的道德觀——承認德行的重要性。[4]筆者主張基督宗教倫理學屬於德行倫理學，因為德行倫理學之核心在於「成為怎樣的人」，如「成為有德行的人」[5]，而「基督徒」[6]之所以被稱為「基督徒」，就是要「成為效法（傚效）基督的人」，[7]基督宗教的倫理學是建立在行為者的品格上，並非行為本身，故此基督宗教不相似於義務論倫理學，反而更接近德行論的倫理學，因此筆者主張基督宗教倫理學是屬於德行倫理學。

　　以上五點為基督宗教倫理學之特色，是基督宗教上面共通的倫理學特色，而從上述來說，也可以看出基督宗教的倫理學基礎是來自於《聖經》，對基督宗教而言，《聖經》又可以分為〈舊約〉與〈新約〉的部分來看，以耶穌降世前後來區分新舊約。舊約的律法主要以「十誡」[8]與「妥拉（希伯來文：תּוֹרָה，

4　侯活士在《品格的群體》一書中用「德性倫理學」一詞，筆者認為「德行倫理學」較為恰當，故以修改為「德行倫理學」，關於「德行」與「德性」之差別，請參閱註釋98。侯活士（Stanley Hauerwas）著，申美倫、施多加譯，《品格的群體：基督教倫理學新典範》（*A community of character: toward a constructive Christian social ethic*），新北市：校園書房出版社，2020年，頁204～209。

5　潘小慧，《德行與倫理：多瑪斯的德行倫理學》，頁22。

6　這裡的「基督徒」表示「廣義的基督徒」，在本章較多需要區分的地方，若要泛指「廣義的基督徒」，筆者則會採「基督信徒」一詞表示，若指「狹義的基督徒」，也就是「新教徒」，則用「基督徒」一詞表示。

7　《聖經》和合本〈羅馬書〉第十五章4～5節「從前所寫的聖經都是為教訓我們寫的，叫我們因聖經所生的忍耐和安慰可以得著盼望。但願賜忍耐安慰的神叫你們彼此同心，效法基督耶穌。」天主教思高版「其實，凡經上所寫的，都是為教訓我們而寫的，為叫我們因著經典上所教訓的忍耐和安慰，獲得希望。願賜忍耐和安慰的天主，賞賜你們傚法耶穌基督的榜樣，彼此同心合意。」《聖經》和合本〈哥林多前書〉第十一章第1節「你們該效法我，像我效法基督一樣。」天主教思高版〈格林多前書〉第十一章第1節「你們該效法我，如我效法了基督一樣。」

8　十誡為基督宗教重要誡命之一，記載於舊約聖經摩西五經中，為上帝所啟示的誡命，《聖經》和合本〈出埃及記〉第二十章1～17節：上帝吩咐這一切的話說：「我是耶和華一你的上帝，曾將你從埃及地為奴之家領出來。除了我以外，你不可有別的神。」「不可為自己雕刻偶像，也不可做甚麼形像彷彿上天、下地，和地底下、水

英文：Torah）」[9]為其倫理核心，除了這兩者以外舊約沒有其他重要的律法。[10]新約則是以「宣講天國」與「新的誡命」（愛的誡命）[11]當作其倫理核心，但也延續舊約的倫理觀念，新約許多的倫理觀念來自耶穌的比喻與其精神，新約影響而後早期教會的倫理教導與建立。[12]舊約的倫理思想來自於猶太民族的宗教經驗，尤其從先知、法律、智慧與啟示中建構，也形成新約中耶穌時代的背景，將新約中耶穌、約翰及保羅的倫理思想拿來對造，可以顯出基督宗教的倫理學基礎與原則。[13]這些原則可分為「人格的價值」[14]、「道德的自由」[15]、

中的百物。不可跪拜那些像，也不可事奉它，因為我耶和華－你的上帝是忌邪的上帝。恨我的，我必追討他的罪，自父及子，直到三四代；愛我、守我誡命的，我必向他們發慈愛，直到千代。」「不可妄稱耶和華－你上帝的名；因為妄稱耶和華名的，耶和華必不以他為無罪。」「當記念安息日，守為聖日。六日要勞碌做你一切的工，但第七日是向耶和華－你上帝當守的安息日。這一日你和你的兒女、僕婢、牲畜，並你城裏寄居的客旅，無論何工都不可做；因為六日之內，耶和華造天、地、海，和其中的萬物，第七日便安息，所以耶和華賜福與安息日，定為聖日。」「當孝敬父母，使你的日子在耶和華－你上帝所賜你的地上得以長久。」「不可殺人。」「不可姦淫。」「不可偷盜。」「不可作假見證陷害人。」「不可貪戀人的房屋；也不可貪戀人的妻子、僕婢、牛驢，並他一切所有的。」每個上下引號為一個誡命，共十個誡命。另外一個出處，可參考《聖經》和合本〈申命記〉第五章1～21節。天主教思高版〈出谷紀〉第二十章1～17節、〈申命紀〉第五章1～21節。

9 「妥拉（תּוֹרָה，Torah）」又稱「猶太法律書」、「摩西（梅瑟）五經」、「摩西（梅瑟）律法書」，指舊約前五卷書中（新教翻譯：創世記、出埃及記、利未記、民數記、申命記；天主教翻譯：創世紀、出谷紀、肋未紀、戶籍紀、申命紀）的上帝給予人的律令與典章，是舊約倫理的核心，更是神啟法的出現，神律令典章的教導。

10 （德）卡爾·白舍客（Karl Heinz Peschke）著，靜也譯，《基督宗教倫理學：第一卷》（Christian Ethics），上海：上海三聯書店，2003 年，頁 12～13。

11 基督宗教重要的誡命之一，新的誡命為耶穌於新約聖經中教導門徒的誡命。《聖經》和合本〈馬太福音〉第二十二章 37～40 節：耶穌對他說：「你要盡心、盡性、盡意愛主－你的上帝。這是誡命中的第一，且是最大的。其次也相倣，就是要愛人如己。這兩條誡命是律法和先知一切道理的總綱。」天主教思高版〈瑪竇福音〉：耶穌對他說：「『你應全心，全靈，全意，愛上主你的天主。』這是最大也是第一條誡命。第二條與此相似：你應當愛近人，如你自己。全部法律和先知，都繫於這兩條誡命。」

12 （德）卡爾·白舍客（Karl Heinz Peschke），《基督宗教倫理學：第一卷》，頁 29～30。

13 龔德義，《基督教倫理學之基礎》，台中市：光鹽文化事業有限公司，1990 年，頁 193～202。

14 是個人價值的原理，表現出基督宗教的倫理學是側重個性的倫理，表明對於人格的尊重。龔德義，《基督教倫理學之基礎》，頁 195。

15 舊約時代的猶太人而言，所有的行為與自由都與宗教有關，因此在道德上是服從於律法書，但就耶穌而言，完全道德上的服從與完全道德上的自由，並行不悖，

「人類的團結」[16]、「善的具體性」[17]、「公忠的服務」[18]、「高上的犧牲」[19]、「愛——基督式的愛」[20]與「宗教信仰」[21]等，並由這些原則往外延伸發展。上述的都是基督宗教的倫理道德之基礎，至於基督宗教倫理道德的傳承途徑，筆者分為：基督宗教的源頭——《聖經》，聖經無條件地是基督宗教歷史、信仰與倫理道德的紀載與傳承之首要途徑；其次是教會禮儀，在教會中禮儀的學習過程，必定會結合聖經的教導，會習慣良好的行為舉止，慢慢達到知行合一得效果；最後是教會生活，教會除了學習基督宗教倫理道德的道理外，也是實踐其倫理道德的場所，信徒與信徒間的互動，良好行為的習慣，更容易使人在教會禮拜完後，將這些倫理道德帶入家庭與社會中。不過若是要廣義的區分，筆者認為也可以將基督宗教的倫理道德傳播途徑改為「聖經」與「教會」來看待，畢竟後兩項「教會禮儀」與「教會生活」都屬於「教會」。以下來詳細談論「聖經」與「教會」對於基督宗教的倫理道德有多大的影響。

一、聖經

「聖經」對基督宗教來說是永遠有權威的，聖經既建立起基督信徒的思想，也指引其品行。[22]基本上會稱呼特定文本為「聖經」一詞，就意味著基督宗教對於這些文本的仰賴，甚至是以此為關鍵的準則，也就是說「聖經」的權威具有指導性的，而這個權威式基於群體生活的內在（intrinsic）要求，「聖經」是以信仰群體的自我理解為基礎，去提供個人接近真理的方法，這個群體是共

而且相得益彰。筆者認為這邊解釋稍微含糊，應該解釋為基督宗教的道德自由並非道德相對主義，而是在道德絕對主義下，可以有相對的選擇，這選擇並不會影響到善本身。龔德義，《基督教倫理學之基礎》，頁 195～196。

16 聖經教導著人道主義，為社會上的弱勢者設立保障。龔德義，《基督教倫理學之基礎》，頁 196～197。

17 善的具體性包含了至善的觀念與實踐善的行為，使道德原則可以運行到因應的環境中。龔德義，《基督教倫理學之基礎》，頁 197～198。

18 是社會同體之觀念的表現，公共服務的表現，確立基督宗教倫理以服務為中心的原則。龔德義，《基督教倫理學之基礎》，頁 198～199。

19 耶穌在十字架上的犧牲為了他人獲得至善，這是愛的最高表現，且是全體性的。龔德義，《基督教倫理學之基礎》，頁 199。

20 耶穌用自己的人格與行動來述說愛的表現，基督徒效法耶穌，就是要學習耶穌愛人的樣式。龔德義，《基督教倫理學之基礎》，頁 199～200。

21 基督宗教的倫理生活之重心，就是因為信仰，而將倫理道德表現於生活中。龔德義，《基督教倫理學之基礎》，頁 200。

22 艾金遜（David Atkinson）著，匯思譯，《基督教應用倫理學》，香港：天道書樓有限公司，2002 年，頁 3。

同承擔與經歷歷史的人，對於該段歷史有共同的見解，也作為群體行動的基礎。[23]聖經的權威並不違背理性，也可以使信仰群體經由現狀檢驗或批判性的運用過往的智慧，慢慢的形成「傳統」，傳統是群體代代相傳的生活方式，而傳統也會隨著時代來發展，這意味著「傳統」有持續與改變，且是並存並重的。聖經是基督宗教的權威的重點在於宣稱這本書稱為信仰群體的必要資源，就基督宗教而言，就是「上帝的話，代代相傳」。聖經塑造一個社會，信仰的社會，在這當中的人，有著相似的生活方式，而聖經中的倫理道德，也在此得到運用，聖經的倫理道德讓基督宗教的信徒們可以記得上帝的故事，並發現自己在上帝面前的存在，能夠指引群體或個人的生活。[24]

聖經的權威有兩種基本的功能：教育功能（educational function）與調節功能（coordinating function）。[25]教育的功能能協助人得到人格上的薰陶，在缺乏自制與自律的同時，聖經可以成為其指引，不管事家庭的教育或社會的教育，聖經中都有目標與核心，指人可以朝這方向教育。聖經不只指導父母要教導孩童負責任，並避免犯錯；也教導領導者，何謂國家的制度與目的。因此聖經在權威上有著教育的功能。而調節功能則是指保持社會秩序並追求國家公益，勸說就是其調節的手段之一，聖經有許多勸說的橋段，因為正當的權威並不會如獨裁者一般，不會以暴力、鎮壓等方式來追求自己的目標，聖經的勸說是要喚起個人的責任心、人的自由同意與人的良心。雖然聖經的權威中，也太有一些強制力，此強制力或約束力主要針對公益受損的情況下使用，因為強制並不是權威基本的特徵，但在具體或犯罪狀態中還是需要它。聖經的權威在施行時是以服務精神來實施的，除了服務上帝外，上司應該照耶穌所吩咐的方式去服務下屬，下屬不是達成目的的工具或手段，而是合作者，上司與下屬都是為了整體利益的，掌權者的性質是服務性的。因此上司必須為了下屬的利益實施其權威，當然過份保護或獨裁都是不正當的，防範沒有責任心與權力濫用，都是上司必須避免的，上司也必須確保自身能力並精進能力，需向人請教或接受批評，才能自我省察；下屬也必須努力達到上司合理的要求，順服上司、服從上司，如此才能促進團體或社會的公益。聖經教導施行權威的理由是為了服務他人，必須在公益上彰顯出來，而對於基督宗教的公益，就是順服上帝的旨意。

---

23 侯活士（Stanley Hauerwas），《品格的群體：基督教倫理學新典範》，頁 118～119。
24 侯活士（Stanley Hauerwas），《品格的群體：基督教倫理學新典範》，頁 120～128。
25 （德）卡爾·白舍客（Karl Heinz Peschke），《基督宗教倫理學：第二卷》，頁 584。

聖經也時常強調「服從」，首先且絕對的是對於上帝的服從，其次是對於掌權者或上司的服從，從十誡或是新的誡命都可以看出聖經中強調「服從」的一面，尤其是對於上帝的服從。在聖經教育功能中教導為了人格或道德成長的服從，在調節功能中教導為了團體的服從並且教導負責任與合作的服從。[26]不只家庭教育，甚至到社會教育，聖經的權威帶給信徒們道德教育的性質，並且冀望以服事上帝並服務他人為由，將道德運用在生活中。

　　聖經中的道德運用，是需要發自內心去接受的，對於現今的信徒來說，並沒有較為具體的約束力，如行刑、罰金等，目前具有的約束力只有較為抽象的，如上天堂下地獄等，因此聖經雖為基督宗教的權威，但還是要看信仰者是否願意成為真正地「基督徒」，並非形式上遵守禮儀規範而已，這部分完全與德行倫理學相同，聖經中的倫理道德具體來說就是要信仰者可以成為什麼樣的人，聖經中誡命的產生，是為了讓人可以習慣成為信仰者該有的樣子，也是往「跟隨基督」的品格發展，追隨耶穌的德行，聖經中較為具體的道德規範，如十誡、登山寶訓[27]與新的誡命都是如此，必須身體力行，綻放生命的光芒，才能發揮聖經倫理的功能。[28]值得注意的地方是若非信仰者或不清楚聖經道德目的的信仰者，都有可能曲解聖經上面的倫理意義，使聖經上的規範變成德行倫理學觀念以外的東西了，變成隨己意解釋的倫理狀態，這也是聖經在倫理道

26　（德）卡爾・白舍客（Karl Heinz Peschke），《基督宗教倫理學：第二卷》，頁584～597。

27　基督宗教的生活規範，耶穌的道德教導，又稱為「八福」或「真福八端」，《聖經》和合本〈馬太福音〉第五章3～12節：虛心的人有福了！因為天國是他們的。哀慟的人有福了！因為他們必得安慰。溫柔的人有福了！因為他們必承受地土。飢渴慕義的人有福了！因為他們必得飽足。憐恤人的人有福了！因為他們必蒙憐恤。清心的人有福了！因為他們必得見上帝。使人和睦的人有福了！因為他們必稱為上帝的兒子。為義受逼迫的人有福了！因為天國是他們的。「人若因我辱罵你們，逼迫你們，捏造各樣壞話毀謗你們，你們就有福了！應當歡喜快樂，因為你們在天上的賞賜是大的。在你們以前的先知，人也是這樣逼迫他們。」天主教思高本〈瑪竇福音〉第五章3～12節：「神貧的人是有福的，因為天國是他們的。哀慟的人是有福的，因為他們要受安慰。溫良的人是有福的，因為他們要承受土地。飢渴慕義的人是有福的，因為他們要得飽飫。憐憫人的人是有福的，因為他們要受憐憫。心裡潔淨的人是有福的，因為他們要看見天主。締造和平的人是有福的，因為他們要稱為天主的子女。為義而受迫害的人是有福的，因為天國是他們的。幾時人為了我而辱罵迫害你們，捏造一切壞話毀謗你們，你們是有福的。你們歡喜踴躍罷！因為你們在天上的賞報是豐厚的，因為在你們以前的先知，人也曾這樣迫害過他們。」

28　侯活士（Stanley Hauerwas），《品格的群體：基督教倫理學新典範》，頁133～136。

德上會遇到的困難點。總結來說，聖經是基督信徒的必要價值，除了述說基督宗教的誕生，更是基督信徒的價值教科書，聖經不只顯示倫理上的德行、價值及願景，還鼓勵信徒們去遵行，特別是把德行的名稱指出，並幫助信徒們去培育與習慣，使他們對德行發出願景，並且不斷地重新堅定志向。[29]

二、教會

「教會」是「聖經」的具體生活表現，教會是基督信仰者的品格教育學校，在這裡培養基督徒（廣義的），使基督徒成為有德行的人，而這些德行是從聖經中教導信徒，教導的場所在於教會，因此「教會」是基督信仰群體中「道德規範」的學習成長地，在教會的禮儀中體現，通過參加禮儀，信徒了解信仰目的，通過禮儀體現上帝的愛、仁慈與救贖的恩寵，也讓信仰者有著相應的生活。在教會的生活或禮儀中，人以信望愛（三超德）與禮儀行為來回應上帝，而在此信仰者的倫理核心來自於聽命於上帝的精神，並效法耶穌的教導。[30]在教會中信徒與信徒之間的互動，都屬於道德行為的表現，出了在教會學習聖經的訓誨外，信徒之間的相互關係，都是道德的實踐，將從教導與訓誨中的學習，化為與人相處得習慣，使聖經中的倫理道德活在教會中，並從教會帶入各自的家庭中，「教會」成了道德教育的地方，並讓信仰者將道德教育帶入社會中。在此可以看到基督宗教倫理學不僅是對於信仰者的影響，間接地對於社會及國家都有其影響性，接著來探討現今教會對於社會的影響性，也就是現今基督宗教倫理學對於社會的影響性是如何的，筆者以圖表來表示：

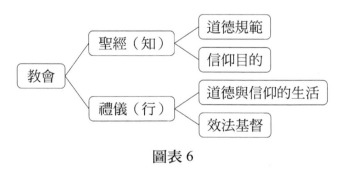

圖表 6

---

29 陳耀生著，許建德譯，《十誡與真福八端：結合聖經研究的倫理反省》，台北市：光啟文化，2016 年，頁 29。

30 （德）卡爾·白舍客（Karl Heinz Peschke），《基督宗教倫理學：第一卷》，頁 80～82。

教會所教導的「聖經知識」與「教會禮儀」，就是在教導信徒知與行的合一，聖經教導了信徒的道德規範與信仰目的，而禮儀使信徒學會「效法基督」成為真正的基督信徒，並將被教育的道德知識實踐於生活上，成為表裡合一的基督信徒，最終與神有所連結，這是基督宗教中，教會對於信徒的影響，而信徒也會在自身的家庭與職場中進行影響，甚至影響到社會。

在探討基督宗教的社會倫理學同時，必須釐清一件事情，基督宗教的倫理學，尤其社會倫理學不應該以試圖發展讓世界更加「公義」的「政策」為起點，這表示基督宗教的社會倫理學是間接影響世界，而不是企圖改變世界並教導世界何為「公義」，因為教會是一個信仰群體，不能受限於任何歷史範疇的體制模式，基督宗教的信仰是讓願意對這個信仰的理解的人來接受的，並藉著傳統的禮儀與習慣才維持。基督宗教的倫理學是屬於「基督宗教的」，這就意味著有著失去與非基督信徒合作的風險，更淒慘的處境是退至宗教的小圈子，不與外界接觸，但這都非理想中的基督宗教倫理學，因此正卻的基督宗教倫理學，應該是展現其都有的倫理學樣貌，利用敘事的方式呈現聖經的真實性，並從教會中去見證聖經，最後在道德行為上成為他人的榜樣，讓社會來認識這樣的倫理學內容。[31]基督宗教的社會倫理學並不等於教會必須弄明白神學信念後才努力的事情，因為信仰與神學對於信仰群體而言就是一套社會倫理，而教會對於這個世界的貢獻或服務，便是提供各種詮釋與行動，基督宗教社會倫理學的具體形式會隨著不同的社會處境而有所不同，但教會的社會倫理絕對不同於某個特定社會的發展計劃，換句話說基督宗教的社會倫理學都來自於聖經的教導，聖經當中希望如何對待他人，基督徒在社會倫理學中，就應該如此，基督宗教的社會倫理並非一個人說得算，而是要經過聖經的分析，合乎聖經才可。聖經對於基督宗教而言，並不只是講述出來的，更是體現一群人的生活習慣之中，然而這些習慣是在教會中敬拜、治理與道德中形成和塑造的，故此基督信徒主張聖經的真實性並先於教會中實踐出來，後續帶入社會中。[32]也因為基督信仰的倫理道德有別於一般倫理道德，教會給人的感覺就是必須「高道德標準」或者「非常公義／正義的一群人」，但事實上沒有完美的教會，教會並不是某群體的理想化身，而是有些「標記」存在，例如有聖禮聖事、福音宣道、

31　侯活士（Stanley Hauerwas），《品格的群體：基督教倫理學新典範》，頁 164〜171。

32　侯活士（Stanley Hauerwas）著，紀榮智譯，《和平的國度：基督教倫理學獻議》（*The Peaceable kingdom: A Primer in Christian Ethics* 篇），香港：基道出版社，2010 年，頁 145。

鼓勵悔改並走上帝的路，這些因素使信徒知道這就是教會。[33]

而上段所說「不應該以試圖發展讓世界更加『公義』的政策為起點」，並不表示基督宗教不在意「公義」，不管從本論文或是對於基督宗教倫理學來看，「公義／正義」一直是基督宗教在討論的議題，也是基本倫理學和特殊倫理學上一直述說的德行，而該句話的意思並不是基督宗教不討論社會公義的問題，畢竟社會公「義」也是社會公「益」的一部份，在這句話的論述中，並不希望制定「政策」來限定公義之可能，換句話說，基督信徒是有責任推動更加接近公義的社會制度，但是不管推動公平、公義、自由或平等，如果按著理想主義的方式或手段來達成，往往會成為這些人按自己的模式塑造世界，這並不是基督信徒的信仰理念，基督信徒的公平、公義、自由或平等，都是來自於上帝本身，因為上帝才是完善與完美，故此人所訂出來的「政策」容易有所缺陷，那教會與信徒們需要追求社會公義嗎？答案是肯定的，至於方法為何？就是以自身的生命來示範如何幫助他人，分享是一種好方法，筆者認為加上關懷更好，所謂「己欲立而立人，己欲達而達人」，「推己及人」就是一種平等且公義的具體表現，具體的表現比起政策而言，更是容易讓人意識到自己的缺乏。況且當自由與平等變成抽象與理想時，有可能會成為暴力，比如國家或政府暴力的霸權，時常是以「正義之戰」為由，像是十字軍東征、穆斯林聖戰等，甚至到今日都還是有類似的例子出現。故此比起推崇政策而言，基督信徒追求公義的方式應該是以「身體力行」為主，這才是一個基督信徒應有的社會倫理觀。[34]

基督宗教社會倫理學主張「聖經的權威在施行時是以服務精神來實施的」，因此在服務精神上可以看見基督宗教對於社會的影響，可以說是基督宗教社會倫理的實踐層面，筆者以臺灣來舉例說明，在臺灣方面早期傳入臺灣的有天主教與新教長老教會，兩者的貢獻有：醫療方面，西醫的引入，靠著傳教師的到來而傳入臺灣，提升衛生水平及醫療水準，照顧臨終與關懷弱勢。教育方面，建立文字系統，全人教育，提升道德水準與知識水平，女子學院的成立。基督宗教的倫理學積極地想與社會論理學交流，想參與社會、關懷社會並服務社會，這是基督宗教論理學在實踐層面上邁進與努力的動力。而趙雅博又是如何讓其倫理學融合當代的倫理學議題呢？在第二節的部分為讀者來說明。

---

33 侯活士（Stanley Hauerwas），《和平的國度：基督教倫理學獻議》，頁 156～161。
34 侯活士（Stanley Hauerwas），《和平的國度：基督教倫理學獻議》，頁 162～166。

第二節　趙雅博基本倫理學與特殊倫理學的當代性

　　趙雅博認為:「任何一種思想興起必有其內在原因,也應有其外在環境,一個環境的轉變,思想多多少少,也不免受到衝擊,因之而會有所改變。」[35]這句話也說明了趙雅博明白在時代的改變時,也許思想內容不變,但外延卻改變了,變得要更能適應當代。

　　本節討論趙雅博的倫理學基本倫理學和特殊倫理學之當代性,彰顯趙雅博倫理學之特色,並提出當代倫理學議題來討論,搭配趙雅博的主張與觀點來回應當代的倫理學議題。若趙雅博有談論過該議題,則採用其立場來回應;若趙雅博沒有論及該議題,筆者則採趙雅博倫理學立場來揣摩並回應該議題,針對當代倫理學議題以趙雅博立場與觀點來回覆,並不詳細探討其他基督宗教的立場或觀點,因為基督宗教立場與觀點有太多種,尤其新教或新興教派的部分。而本節探討的議題筆者分類為婚姻家庭、生命倫理、社會倫理三大類,並在最後談談第四個議題,影響三大類議題之實踐部分——道德教育的當代性議題。

　　在開始討論當代倫理議題時,必須先知道各個倫理觀之間的比較,筆者參考艾立勤(1950～)於2001年撰寫的《維護人性尊嚴:天主教生命倫理觀》中的表格來說明各倫理觀之比較:[36]

表格2

思想學派	倫理真理	信仰真理
多瑪斯	具客觀普遍性←沒有矛盾→具客觀普遍性	
文藝復興	具客觀普遍性←未必配合→具客觀普遍性	
理性主義	具客觀普遍性	不討論
經驗主義	建立在個人情感,而非理性上	不討論
康德	普遍性的,但也是主體性的	不可知論
尼采	個人主義性	上帝不存在
存在主義	個人主義性	不討論
邏輯實證論	倫理語句與邏輯分析	不討論
解構主義	個人主義性	不討論

---

35 趙雅博,《新世紀宗教》,台南市:聞道出版社,1990年,頁5。

36 康德的信仰真理部份,原本在書上表示為「不討論」,但筆者認為改為「不可知論」較符合康德思想,畢竟該書中也提及康德為「不可知論」者。艾立勤,《維護人性尊嚴:天主教生命倫理觀》,台北市:光啟文化,2001年,頁59。

由此表格可以看出，站在新士林哲學的立場而言，屬於多瑪斯的部份，信仰與倫理之間是沒有矛盾的，也可以看出當代的思想較多個人主義，且大多的倫理與信仰間並無關係。趙雅博的思想屬於新士林哲學的思想，故此其倫理學與信仰結合是正常不過的事情，接下來在面臨當代議題時，趙雅博如何結合倫理與信仰並試圖解決當代倫理議題？首先來看有關家庭倫理的當代議題。

一、家庭倫理

在家庭倫理中，筆者主要討論的議題有婚姻、同性戀、性教育等議題。並分析趙雅博對於這些議題的立場與回應。

（一）婚姻

趙雅博認為婚姻是男女合法的結合，婚姻有兩種意義，一種是結婚的基本行為，一種是婚姻的身分，從天主教的教會法來看：

> 婚姻是一種契約，由於此一契約，男女互相奉獻自己，彼此在身體上接受一個永久而排他性的權利，這個權利就是就是用為生育的行為是也。[37]

婚姻是構成家庭的基本因素，是一種公共秩序的結約，趙雅博提出政府是可以指定方式要人遵從，而這種方式只是一種形式，不一定涉及到婚姻的本質，但為了國家承認的合法性，必須遵守其規定，至於宗教的結婚方式，政府似不干涉，信徒也該遵守自己宗教所規定的方式來完成婚姻。而結婚的條件就是為了雙方可以有身體的結合，換句話說，趙雅博認為婚姻的本質在於可以有合法的性行為，這也是構成社會秩序的原因，而相對的婚外的滿足（婚外情），就是造成社會亂象的原因，因此結婚是一種責任，若沒有這個責任而結婚，就是害人害己，並有害社會，為此要獲得結婚的權利，需要有一種倫理與社會的能力，結婚這件大事中，愛情是必要的條件，婚姻是自由的，須雙方的同意，趙雅博強調可以有自由的戀愛，但不能主張自由的性愛（就算雙方都同意也不行），如果只是自由性愛，那就與禽獸差不多，但人類有理智，有倫理，可以建立制度，是道德的平衡，有別於禽獸的地方。[38]愛情說是促使兩人同意之重要條件，將兩個人化為一體，將你我化為我們，婚姻在社會中是大事不能不慎重，所以構成契約與協定，當然在教會的看法來說，只有社會契約並

---

37 趙雅博，《中外特殊倫理學》，頁 105。
38 趙雅博，《中外特殊倫理學》，頁 132～137。

不夠，必須有自然與超自然的規定，使婚姻為不可分離者，[39]故此婚姻成為聖事。[40]婚姻看似不用任何超自然的啟示，但人在履行婚姻義務時，容易欺騙自己，因此天主教認為婚姻需要啟示的幫助，婚姻作為一種自然的神聖制度，是社會性的，是男人與女人相輔相成的，在男人與女人的社交能力與互補能力下，導致了婚姻，這也是在梵二大公會議中，有被提及的議題。[41]

從道德層面來看婚姻，婚姻自然需要道德條件——忠貞，彼此同在一起負責任且一起盡義務，這是婚姻當中必須的，是倫理得結合，而婚姻上一夫一妻是有利於精神與倫理的結合。一夫一妻制是實現至今日最能讓父母共同教育子女，一同為家庭生活努力，而多夫多妻制（包含一夫多妻、一妻多夫等）對於這樣的責任是有害的，主要會產生教育上的問題，並且導致溝通上容易不合等。而從世界人口比例來說，男女數字是差不多的，[42]從生物學來說生男生女的機率也是相同的，[43]趙雅博認為從多個統計資料來看，家庭應該是一夫一妻制的，且現今臺灣法律仍為一夫一妻制[44]，趙雅博也說明若一夫多妻，會導致富人擁有特權，窮人無法結婚，且女子會在這樣供不應求的狀況下提高身價，產生更多物化女性與商業行為，甚至女子容易形成洩慾或工作的工具而已（如妾制）。[45]

整體而言，筆者認為趙雅博對婚姻的定義為「合法的性行為」（不管在法律上或信仰上），婚姻是建立家庭秩序的源頭，教導負責與忠貞的道德行為，也是構成建立社會的重要教育因素之一，而一夫一妻制的分工合作與相親相愛，便可以達到該效果，至於婚姻所建立的家庭中有怎樣的倫理觀？可重閱本論文第四章第一節之三家庭倫理的部份，有趙雅博對於家庭倫理之立場。

---

39 趙雅博，《中外特殊倫理學》，頁 106～111。

40 天主教的聖事為七件：聖洗聖事、堅振聖事、聖體聖事、和好聖事、病人傅油聖事、婚姻聖事、聖秩聖事。而新教聖事只有兩件：洗禮與聖餐。新教雖認為婚姻不是聖事，但也是在上帝面前的盟約與上帝所賜的祝福。

41 Ildefonso Adeva, *Medical & Sexual ethics: explanation and defense of current questions on human life, suffering & death,* Manila: sinag-tala publishers, 1990, p.109~112.

42 截至筆者撰寫年份 2020 年之資料顯示（四捨五入至百萬），男：39 億 3 千萬；女：38 億 6 千 5 百萬，全球人口數為 77 億 9 千 5 百萬，世界男生佔總數約為 50.4%，女生佔總數約為 49.6%，接近 1：1 的狀態。聯合國人口司世界總人口以性別區分（Total Population by sex）統計表 https://population.un.org/wpp/DataQuery/

43 生男與生女從性染色體上來計算，機率是相同的，同為 50%。

44 我國民法第 985 條：「有配偶者，不得重婚。一人不得同時與二人以上結婚。」

45 趙雅博，《中外特殊倫理學》，頁 116～117。

通姦，係指夫妻的不忠，違反了十誡中的第六誡：「不可姦淫」，缺乏婚姻間的排他性，固然是嚴重的不道德行為。[46]臺灣於 2020 年 5 月 29 日廢除刑法通姦罪[47]，部份國民認為會影響國民婚姻關係，使「第三者」（指通姦者）變多，筆者認為只要有良好的道德教育及對婚姻的正確觀念，就算沒有這條刑法，人們也會遵守婚姻關係並杜絕「第三者」的出現，因此趙雅博提倡的道德教育有必要落實執行。

至於婚姻的終止，也就是離婚的部份，趙雅博對於離婚的感想是「離婚與不離婚來比較，乃是不離婚的害處少」，夫妻不離婚是趙雅博認為的美與和諧。[48]趙雅博認為婚姻有其不可分離性，婚姻的價值在於家庭的和諧，夫妻之間的團結或教育子女都是家庭重要的工作，婚姻有其重要性與神聖性，趙雅博主張若夫妻不合可以分居，但不離婚，若是離婚又再婚，有第一次的離婚就可能會有第二次。[49]離婚法是為了取消有毛病的合同[50]而成立的，不管是法律上或是信仰上（教會法）都有離婚的判例。對趙雅博而言，婚姻若沒有宗教祝福就不是真的婚姻，只是一種形式，因此對於信徒來說婚姻是不可分離的，這是沒有任何的異議，筆者認為因為社會價值觀不同，大多認為婚姻只是形式，缺乏其重大性與神聖性，故此離婚對社會大眾來說，就是形式上的程序並沒有影響什麼，但趙雅博強調若人為了個人幸福而忽略責任問題，離婚只會成為普遍化。[51]臺灣離婚率也有受到影響，來到了三對結婚一對離婚的狀態。[52]趙雅博從述說離婚的過程中，強調婚姻的重要性與神聖性，婚姻不應該是憑感覺而已，而是要縝密的計畫，若是覺得真的不適合，不結婚來得比離婚好，趙雅博認為若婚姻裡面沒有愛與忍耐是無法維持的，而這也是現今普遍離婚

---

46 天主教教務協進會，《天主教教理》，台北市：天主教教務協進會出版社（中國主教團），1996 年，頁 544。

47 我國刑法第 239 條：「有配偶而與人通姦者，處一年以下有期徒刑。其相姦者亦同。」依據司法院大法官民國 109 年 5 月 29 日釋字第 791 號解釋，對憲法第 22 條所保障性自主權之限制，與憲法第 23 條比例原則不符，應自本解釋公布之日起失其效力。

48 趙雅博，《中外特殊倫理學》，頁 124。

49 趙雅博，《中外特殊倫理學》，頁 121～123。

50 婚姻有毛病的合同，例如家暴、外遇、詐婚等問題。

51 趙雅博，《中外特殊倫理學》，頁 129～131。

52 根據中華民國統計資訊網資料，2020 年上半年共 62345 對新人結婚，卻有 25290 對夫妻離婚。中華民國統計資訊網資料「結婚對數、結婚率、離婚對數、離婚率」https://www.stat.gov.tw/ct.asp?xItem=15409&CtNode=3622&mp=4

的理由。[53]

（二）同性戀

　　關於同性戀的議題，趙雅博在著作中都沒有提及，但若以其倫理學背景來假設其立場，其實是很容易的，若以新士林哲學的立場來說，要先區分同性戀傾向與同性戀性行為兩者，同性戀傾向表示天生或後天因素而對同性感興趣更勝異性則稱之為同性戀。[54]基本上對於同性戀傾向，也就是對同性感興趣的這個部分來說，各宗教間都是保持著尊重的態度，而較有爭議性的地方在於「性行為」，例如臺灣 2018 年的公投法案，其中之一就是是否將「同志婚姻」列為專法，造成許多爭議的點，其實在於對「婚姻」的定義上有所不同，2019 年 5 月 22 日實施的同性婚姻 748 施行法第 2 條規定：「相同性別之二人，得為經營共同生活之目的，成立具有親密性及排他性之永久結合關係。」[55]在天主教的觀點中，同性性行為是「違反天主造人類的結構，客觀來說不可能生育下一代」，[56]且同性性行為根據《聖經》紀載有多處說明是不道德的行為，不被教會法承認的性行為。[57]關於天主教教義部曾發「有關同性戀團體合法化」的聲明：

　　　　教會訓導：對同性戀人的尊重，但並不表示贊同同性戀行為，或走向支持同性戀團體之合法化。公益的要求法律肯定、促進及保護婚姻關係，視為家庭基礎，家庭是社會的細胞。如果法律承認同性戀團體或將他視為與婚姻等同的制度，那就是說，贊成一個有問題的錯誤行為，結果是將同性戀團體當作現代社會的一種模式，而且將整個人類正常的基本價值混亂。教會有慎重的責任保護屬個人及整個社會的公益價值。[58]

---

53 趙雅博，《中外特殊倫理學》，頁 132。

54 林麗珊，《女性主義與兩性關係》，台北市：五南圖書出版有限公司，2007 年，頁 336～370。

55 司法院釋字第七四八號解釋施行法第 2 條規定：「相同性別之二人，得為經營共同生活之目的，成立具有親密性及排他性之永久結合關係。」https://law.moj.gov.tw/LawClass/LawAll.aspx?pcode=B0000008

56 符文玲，《分享、疏離、共善：論卡洛‧沃提瓦／若望保祿二世的人學》，台北市：光啟文化，2019 年，頁 134。

57 賈詩勒（Norman L. Geisler），《基督教倫理學》（*Christian Ethics*），頁 296～312。

58 *"La Chiesa insegna che il rispetto verso le persone omosessuali non può portare in nessun modo all'approvazione del comportamento omosessuale oppure al riconoscimento legale delle unioni omosessuali. Il bene comune esige che le leggi riconoscano, favoriscano e proteggano l'unione matrimoniale come base della famiglia, cellula*

若是同性戀對於基督宗教而言「不是（信仰上）合法的性行為」，而趙雅博對於「婚姻」的定義為「合法的性行為」，且是「男子與女子合法的結合」，[59]故此筆者認為趙雅博對於同性戀的態度是保持在尊重與關懷，但在信仰上對於「性行為」部分則認為不應該。筆者認為趙雅博在許多倫理學議題上面都表現出其理解大眾的想法，但也站在信仰立場說明自身的看法，趙雅博的立場說明了「信仰」與「社會」在價值觀上與實踐上有很大的不同，也增加倫理學上不同角度的觀點。

（三）性教育

對於趙雅博而言，性教育不是「不說」，而是要讓人知道自己在做什麼，這樣才會對自己的行為負責。性教育的必要性在於，每一代所處的社會環境不同的狀況下，對於性教育的吸收來源不同，趙雅博認為有人會質疑為何要性教育，以前的時代不是也沒有嗎？但也活得很好，趙雅博覺得這些說沒錯，但環境的改變使上一代的生活環境與當代是不同的，父母與子女的環境不同，而教育工作就是應該處於世事改變時，協助當今的人適應於新生活，因為對性知識的缺乏，而形成性犯罪，因此給予學生與孩童正確的性觀念，正式性教育的重要性。[60]

而當代對「性」的價值觀肯定與趙雅博那年代有所不同，趙雅博也料到這點，提出幾個性教育上會遇到的問題，首先不例外的就是價值觀的差異，產生代溝的狀態，使上一代與這一代互不了解，會使得年輕人在同溫層中取暖，因此年輕人會認為年輕人必須領導年輕人，完全獨立出上一代的指導，但這些年輕人往往沒想到自身經驗的不足，因為涉世未深，往往成為盲人牽盲人走，誤入歧途，因此良好的教育者，是相當必要的，因此年輕人不應該低估上一代的價值。另外一點，雖然性行為在人類繁衍後代上是必要的因素，但是過多的焦點投入於性行為，太過於誇大了，趙雅博指出像是化妝、文學、電視、電影、

---

primaria della società. Riconoscere legalmente le unioni omosessuali, oppure equipararle al matrimonio, significherebbe non soltanto approvare un comportamento déviante, con la conseguenza di renderlo un modello nella società attuale, ma anche offuscare valori fondamentali che appartengono al patrimonio comune dell'umanità. La Chiesa non può non difendere tali valori, per il bene degli uomini e di tutta la società." 輔仁神學著作編譯會，《公教會之信仰與倫理教義選集》，台北市：光啟文化，2013 年，頁 1835。

59 趙雅博，《中外特殊倫理學》，頁 105。

60 趙雅博，《倫理道德教育與性教育》，頁 89～95。

廣告等，甚至當代的網際網路、實況直播、社交平台等都充滿著性元素[61]，對比過去的遮遮掩掩，當代反而大肆宣傳，而且隨手可得，接著是性的混亂，因為科技的進步，資訊的獲取發達，而對於身心未成熟的青年們來說，早想嘗試禁果，又所謂「其身正，不令而行；其身不正，雖令不從」[62]，當教育者自身無法成為年輕人的榜樣與身教時，年輕人如何服從教育者？筆者認為在現今社會的壞榜樣之下，自然而然，活在當今環境中的人就習慣了，隨著性混亂加資訊流量大增的年代，現今年輕人用手機就可以獲取許多資訊，相信未來取得資訊會更便利，而過多雜亂的資訊被未受正確性教育的人看到，且他們以為這就是常態時，婚姻上而試婚、共婚、交換配偶等滿足自身性生活的混亂資訊流入社會中，使婚姻的定義與價值被解構。趙雅博認為人不是禽獸，不能受動物性束縛，人有自身的規律存在，教育使人安排一個合宜的環境，教育是以告知世人真理為目的，性行為的道德性是不變的，當代雖已無規律自豪，但世人也慢慢發現無規律的缺陷，因此教育，尤其性教育更是重要的一環。[63]

在性教育的過程中，教育者要讓學生與孩童知道要照顧自己脆弱的身體，並培養、管制、修練自己，使自己耕耘良好的習慣，教育者在性教育過程中也應該有大公無私、慷慨、犧牲的態度，並擁有愛的氛圍，教導學生或孩童克制自己的性慾，比起肉體的價值，精神的價值更來的值得追求，讓孩童或學生追求愛情勝於肉體的情慾，教導孩童或學生貞潔，有秩序的性行為，而不是放蕩的性行為。趙雅博認為陶冶學生或孩童的人格，不只在教育上，也在性教育上都有幫助，比起學校的性教育，父母的性教育更來的重要，從父母當中獲得愛情與幸福的根源，建立良好的品格與性知識。[64]

二、生命倫理

本段筆者歸類為生命倫理，主要探討生死的生命倫理議題，並對當代科技於生命生死之輔助加以討論其中的倫理道德問題。在生命倫理當中，也包含了許多科技的倫理在這當中，在本段中大部分是趙雅博沒有討論到的議題，[65]筆

---

61 趙雅博沒提及的部分，或者他所沒經驗到的當代科技，筆者在此提出。
62 《論語·子路》：「其身正，不令而行；其身不正，雖令不從」。
63 趙雅博，《倫理道德教育與性教育》，頁105～111。
64 趙雅博，《倫理道德教育與性教育》，頁127～137。
65 根據資料趙雅博於1982年11月曾經發表過〈為優生保健法進一解——從優生學看人工流產〉的一篇文章，但筆者找不到該文章內容，無法閱讀該文章，但能確定的是趙雅博關心許多跟倫理有關的法律議題。

者會根據趙雅博的倫理學理論來進行在該議題上的實踐方式，依照趙雅博的述說方式分為信仰上的倫理觀點與當代社會的倫理觀點，例如：謀殺、生殖科技、生命科技等議題。

（一）謀殺

謀殺的倫理道德議題，並不單純只是討論殺人而已，在這個議題上除了謀殺以外，包含自殺、自衛、墮胎、安樂死。根據《聖經》十誡第五誡「不可殺人」為由，基督宗教基本上對於這方面的議題都有差不多的共識。謀殺簡單來說就是有意的殺害別人。

趙雅博對於自殺的道德觀也是持反對的立場，趙雅博認為人生在世，有責任為自己的完美完善而工作，也有責任為了全人類的公益而工作，若是自殺，則是拋棄自己的責任，是不道德的。[66]關於蓄意自殺，趙雅博絕對不認同，但是為了救國救民而死亡，趙雅博認為這不是「自殺」，乃是「犧牲生命」，是英傑行為，不是自殺。若是保護自己的信仰而被殺，趙雅博也認為是可以的。而為救國救民犧牲生命還要次等的狀況就是「冒險」，冒生命危險，不表示一定死亡，但確實是有走往死亡的可能性，趙雅博認為只要是有社會價值的冒險，不算是自殺，例如職業上的危險處處充滿，為了社會提供服務，甚至趙雅博認為馬戲團或運動員都是冒險的行為，但都是為了娛樂大眾，而娛樂在當代已經成了人生的重要地位，所以屬於服務社會，不是自殺行為，對於自殺行為的定義趙雅博認為如果是故意的、無理由的或炫耀的都是不可以的，自殺在客觀上都含有殺人的不道德性，在主觀上也是不合理的，是違反自己的認知與意志的，但有可能因為壓力的關係而倒置自殺，趙雅博認為自殺之人大多是孤身、巨大的震撼、巨大的痛苦、無道德、無宗教、酗酒食毒的人。趙雅博區分了「自殺」、「犧牲生命」與「冒險」，而自殺是不道德的行為，因為拋棄自己的責任。[67]

關於自衛的部分，趙雅博認為合法的自我保護，其目的不是為殺人，而是為了保護我自己或他人的生命，且其他方法無用時，這時並不是直接殺人，但還是要為其行為負責任，並不表示因為人在保護自己或他人時有權力殺人，這是錯誤的，殺人就是一件不道德的事情，但真的在必須以結束對方生命來換取自己或他人生命時，才能有此辦法。[68]趙雅博也提及自衛行為是合法的，是無

---

66 趙雅博，《中外特殊倫理學》，頁 50～55。
67 趙雅博，《中外特殊倫理學》，頁 51～62。
68 《天主教教理》2263 號：個人和社會的合法自衛，並不是對禁止殺害無辜、故意殺

意的殺人，但還是強調要為自己的行為負責任。[69]

　　趙雅博在倫理學上並沒有提及墮胎的問題，但若看天主教的觀點，天主教是反對墮胎的，甚至絕育手術，天主教也都是持反對的立場。[70]天主教認為受孕開始便是生命，故墮胎等同於殺人[71]，《天主教教理》編號 2270 至 2275 號皆為反對墮胎之理由。[72]基於上述趙雅博對於殺人的態度而言，墮胎是屬於有

人的一個例外。「自衛的行動能夠引起雙重的效果：一個是保存自己的生命，另一個是攻擊者的死亡。……前者是有意的；後者是無意的」2264 號：愛自己常是倫理的基本原則。因此，讓別人尊重自己的生命權是合理的。誰保衛自己的生命，如果被迫對來襲的人給予致命的一擊，不算是殺人的罪犯：聖多瑪斯，《神學大全》：如果，為了自衛，採用大於實際需要的暴力，這是不合法的。但是，如果採用適度的方法抗拒暴力，這是合法的。……為得救並不要求，為避免殺死他人而放棄適度的自衛；因為人應該保衛自己的生命，先於他人的生命。2265 號：合法的自衛，為那些負責保護他人生命、家庭或國家公益的人，不單是權利，也是重大的責任。維護社會的公益，就要令不義的侵犯者喪失危害他人的能力。基於這種理由，合法的掌權者有權為自己負責保衛的社會，擊退進攻，甚至訴諸武力。2266號：相應於捍衛公益的責任，國家致力令那些危害人權和基本民法的活動，不得擴散。合法的掌權當局有權利和義務按罪行的嚴重性而施予懲罰。懲罰的首要目的是補償因罪行而引起的紛亂。當懲罰為罪犯自願接受時，就有贖罪的價值。其次，除了捍衛公共秩序和和保障人身安全外，懲罰有治療的效果價值，在可能的範圍內，有助於罪犯的改過遷善。2267 號：假設有罪一方的身份和責任已完全被確定，教會的傳統訓導並不排除訴諸死刑，但只要這是唯一的可行之道，藉以有效地保護人命，免受不義侵犯者之害。如果非殺傷性的方法足以衛護人們的安全，免受侵犯者之害，掌權者只應採用這些方法，因為這些方法更符合公益的具體條件，也更合乎人性的尊嚴。事實上，今日由於國家具有各種有效地防止犯案的可能性，使犯罪者不得再逞，而不至於決定性地剝奪其改過自新的機會，因此，絕對必須處決罪犯的個案就「十分罕見，即使並未完全絕跡」。天主教教務協進會，《天主教教理》，頁 521～522。

69　趙雅博，《中外特殊倫理學》，頁 73～79。

70　輔仁神學著作編譯會，《公教會之信仰與倫理教義選集》，頁 1597～1600。

71　《聖經》和合本〈出埃及記〉二十章第 13 節：「不可殺人」、〈申命記〉五章第 17 節：「不可殺人」，天主教思高版〈出谷紀〉二十章第十節、〈申命紀〉五章第 17 節皆與和合本翻譯相同。

72　《天主教教理》2270 號：人的生命，自受孕的開始，就應該絕對的受到尊重和保護。人自開始存在的一刻，作為一個人的所有的權利就應該受到承認。無辜者對生命的不可侵犯的權利，便是其中之一。我還沒有在母腹內形成你以前，我已認識了你；在你還沒有出離母胎以前，我已祝聖了你（耶 1：5 篇）。我何時在暗中構形，我何時在母胎造成，我的骨骸祢全知情（詠 139：15 篇）。2271 號：自第一世紀，教會就對所有人工引發的墮胎，認定其為道德的邪惡。為目的或方法，嚴重地違反道德律：不可以墮胎殺害胚胎，不可致新生嬰孩於死地。生命之主天主，曾將保存生命的卓絕任務，委託於人，並令人以相稱人性尊嚴的方式，完成這任

意的殺人行為，是持反對立場，因為這是不道德的。但若是墮胎是為了保護母親的性命，目的是在救人的話，趙雅博也認為這是令人頭痛的問題。[73]對趙雅博而言，理論與實踐還是會因為當下的人事時地物而有所改變，而當下的判斷確實是見仁見智了。

關於安樂死的部份，趙雅博雖沒有提到，但根據前面所述說的原則，趙雅博基本上反對安樂死。什麼是安樂死？「安樂死」（Euthanasia）這個字，根源於希臘語 *Eu-thanatos*，指的是「好的、緩和、溫柔的死亡」。目前在全球少數國家合法的型態主要有兩種，一種是「自願安樂死」（Voluntary Euthanasia），也就是意識清醒的病人在無治癒可能、痛苦難耐等情況下，可以要求醫療人員協助他服用或是施打藥物死去，這僅限於比利時、盧森堡、荷蘭以及加拿大。至於醫療人員在病人非自願下直接施打致死藥物，目前在全球都是非法的。另一種是「協助／陪伴自殺」（Assisted／Accompanied Suicide），這跟「自願安樂

務。故此，由妊娠之初，生命即應受到極其謹慎的保護。墮胎和殺害嬰兒構成滔天的罪行。2272 號：正式參與墮胎的行動，構成嚴重的罪過。教會對於這違反生命的罪行，按法典施予絕罰。「犯罪成立後」，按法典所規定的條件，「凡設法墮胎而既遂者，應受自科絕罰」。教會並非有意減縮慈悲的空間，而是要表示此罪行的嚴重性，以及對無辜被殺害者、他的父母和整個社會，所造成的無可彌補的傷害。2273 號：所有無辜者對個人生命的不可剝奪的權利，是公民社會及其立法的構成因素：「個人不可剝奪的權利應該受到公民社會和政府的承認和尊重。這些人權不取決於個人，不取決於父母，也不是來自社會和國家的施予；人權乃屬於人的本性，寓於個人之內，源自使他開始存在的創造行動。在這些基本權利中，應列出自受孕至死亡，每個人對生命的權利和對身體完整的權利」。「當一條成文的法律，從立法所應給予的保障中，剔除某種人時，這時，國家就否定了在法律前眾人的平等。當國家不為全體公民，尤其那些最弱小者的權利出力服務時，則法治國家在基礎上便受到威脅……。因此，既然要確保嬰兒自受孕之始應享有的尊重和保障，對所有故意侵犯其權利者，法律應制定相當的刑罰」。2274 號：胚胎既然在成孕之始已被視為人，那麼就應盡其所能，使胚胎的完整性受到保護。胚胎也該受到照顧和治療，如其他的人一樣。產前診斷在倫理上是許可的，「只要尊重人的胚胎和胎兒的生命和完整，並為了維護或治療個體的目的……。如果預料診斷的結果會引起墮胎的可能，這與道德律有嚴重的牴觸。一個診斷不應等於一次死亡的裁決」。2275 號：「只要尊重胚胎的生命和完整，不給胚胎引起過度的危險，加於胚胎的治療措施應視為許可的，這是為了使胚胎獲得痊癒，為了改善胚胎的健康，或為了胚胎個體的繼續生存」。「培養人的胚胎，作為可利用的生物原料，是不道德的」。「有些干預染色體干預染色體或遺傳基因或遺傳基因的嘗試不是為了治療，而是企圖依照性別或其他預設的品質，作人種選擇的生產。這類操縱乃違反人位格的尊嚴、人的完整性和人的獨一無二和不可重複的身分」。天主教教務協進會，《天主教教理》，頁 523～524。

73 趙雅博，《中外特殊倫理學》，頁 78～79。

死」的差別在於，醫療人員僅幫當事人開處方、準備好藥物，最後由神智清醒的當事人喝下或是按下藥物注射的按鈕。這在瑞士、荷比盧、加拿大以及美國部份的州合法。[74]對於安樂死的提倡者而言，任何人都允許做不傷害他人的行為，因此自願安樂死或幫助安樂死之代理者的行為並沒有錯誤。[75]對於天主教來說安樂死在倫理上是不能被接受的，天主教認為就算是安樂死是為了人的善意，但並不改變殺人行為的本質，比起安樂死的方式對待病人，天主教更主張安寧照顧來幫助病人度過。[76]畢竟安樂死某個層面算是自殺，或請求協助自殺，趙雅博認為自殺是不道德的行為，而安樂死算是自殺的一種，也不道德。

（二）生殖科技

在第二點當中，都是趙雅博沒有討論到的議題，要探討的是生殖科技倫理，筆者會這樣命名，是因為這裡主要的議題都是科技進步，尤其是生殖的科技部份，所帶來的生命倫理議題，會探討的內容包含了：生殖科技、代理孕母、複製人。

首先談論到生殖科技，生殖科技可分為人工授精（Intrauterine insemination，IUI）[77]、禮物嬰兒（Gamete Intra-Fallopian Transfer，GIFT）[78]、試管嬰兒胚胎

---

74 報導者〈我們延長的到底是生命，還是痛苦？——專訪瑞士組織「尊嚴」〉
https://www.twreporter.org/a/euthanasia-switzerland-dignitas-assisted-suicide?gclid=Cj
wKCAjw34n5BRA9EiwA2u9k3ztk-oj-uVaVeeje0rlhOxFq8rpsqhqOJfMW2Y9aWkxIt
KPsm8Is0BoCM0AQAvD_BwE

75 "Thus the opponent of the euthanasia involved in helping a depressed man to commit suicide argues that such an act is wrong because of the sanctity and value of human life, the possibility of helping a depressed man to recover from his depression, the value of his overcoming that depression, and so on. The advocate of euthanasia argues that any man ought to be allowed to do any act which does not hurt others , and so that there is nothing wrong in helping an agent to do such an act." Richard Swinburne, *the evolution of the soul*, Oxford:Clarendon Press, 1990, p.221.

76 天主教教務協進會，《天主教教理》，頁 524～525。

77 人工授精又可分為兩種：使用先生精子者的 AIH（artificial insemination by husband 篇）與使用捐贈者精子的 AID（artificial insemination by donor 篇）。方式：病人在接受一般不孕症的檢查後，在排除並矯正子宮和骨盆腔方面的病變後，確定至少有一邊輸卵管暢通，精子達一定數目（通常每西西最好不少於一千萬、活動力不少於30%）時，可給予誘導排卵合併 IUI 的治療。太太在確定排卵之日，先生（或捐贈者）以自慰方式取出精液，經過精子洗滌分離的步驟後，得到較高活動比例的精子，以注射器直接打入太太的子宮腔內。術後第二天起給予黃體素的補充，以利胚胎的著床。長庚醫院台北院區生殖醫學中心——人工生殖技術簡介 https://www1.cgmh.org.tw/intr/intr1/c1750/07.%E4%BA%BA%E5%B7%A5%E7%94%9F%E6%AE%96%E6%8A%80%E8%A1%93%E7%B0%A1%E4%BB%8B.htm

78 禮物嬰兒又稱為輸卵管內精卵植入術（Gamete Intra-Fallopian Transfer，GIFT），假

植入（In Vitro Fertilization，IVF）[79]、冷凍胚胎（Cryopreservation of embryo）[80]等。從天主教的觀點來說：人並不是工具或手段，人是一個目的性的存在，孩子是一個有靈魂與肉體的整體存在，具有身為人的內在尊嚴與價值。因此想「生小孩」是良善的意向，但若是把孩子當作方法、手段，視其為擁有物，即是將他非人化、次人化，這樣的生殖方式，貶低了胎兒的生命尊嚴與價值，也與婚姻意義的價值有所牴觸。[81]甚至是 AID 的人工授精方式，完全與婚姻所定義的排他性產生衝突，生殖採用第三者的配子方式同樣也是反婚姻的尊嚴，孩子是上帝的生命恩賜，是人並非物品。[82]

其次來討論代理孕母之議題，臺灣於 2020 年 5 月 1 日通過《人工生殖法部分條文修正草案》[83]一讀通過，代理孕母施行議題已經離臺灣相去不遠，這是值得思考的一個問題。「代理孕母」表示由代理人代理懷孕及生產的方式。[84]天

說前提為患者夫妻之精蟲無法自然移行至輸卵管之受精處；或女方的輸卵管取卵機能障礙，導致無法在自然狀態下受孕。因此以人為之力量將卵子取出與精蟲混合後，由腹腔鏡導引下同時放入輸卵管。是最符合生理學的人工生殖技術。長庚醫院台北院區生殖醫學中心——人工生殖技術簡介 https://www1.cgmh.org.tw/intr/intr1/c1750/07.%E4%BA%BA%E5%B7%A5%E7%94%9F%E6%AE%96%E6%8A%80%E8%A1%93%E7%B0%A1%E4%BB%8B.htm

79 試管嬰兒胚胎植入（俗稱試管嬰兒）是最傳統的人工生殖技術，又可分為 2 種：第一種，受精後胚胎植入子宮腔者，稱為體外受精胚胎植入術（In Vitro Fertilization Embryo Transfer, IVF-ET 篇）；第二種，受精後胚胎植入輸卵管者，稱為受精卵／胚胎輸卵管植入術（ZIFT/TET：Zygote Intrafallopian Transfer/Tubal Embryo Transfer）對象：無法自然懷孕的夫妻。長庚醫院台北院區生殖醫學中心——人工生殖技術簡介 https://www1.cgmh.org.tw/intr/intr1/c1750/07.%E4%BA%BA%E5%B7%A5%E7%94%9F%E6%AE%96%E6%8A%80%E8%A1%93%E7%B0%A1%E4%BB%8B.htm

80 冷凍胚胎為人工協助生殖科技的進步以及誘發排卵藥物的改進，使得準備接受試管嬰兒手術的不孕婦女，一次可能取得多顆卵子，體外培養也可能有多顆成功受精而發展為胚胎。植入所需的胚胎後，將剩餘的胚胎冷凍至零下 196 度液態氮中加以保存，以備將來不論懷孕成功與否，受術夫妻計畫再做第二次治療時，可以隨時解凍胚胎再植入，省去重複取卵的不便與不適，同時也可減少胚胎植入的數目，降低多胞胎的機會或減胎的不適。但因胚胎在冰凍保存及解凍的過程中可能受到冰晶的微細破壞而降低了存活率，以至目前為止冷凍植入的成功率（約 10%）一直無法突破。長庚醫院台北院區生殖醫學中心——人工生殖技術簡介 https://www1.cgmh.org.tw/intr/intr1/c1750/07.%E4%BA%BA%E5%B7%A5%E7%94%9F%E6%AE%96%E6%8A%80%E8%A1%93%E7%B0%A1%E4%BB%8B.htm

81 艾立勤，《維護人性尊嚴：天主教生命倫理觀》，頁 148。

82 艾立勤，《維護人性尊嚴：天主教生命倫理觀》，頁 150～151。

83 立法院人工生殖法部分條文修正草案 PDF 版 https://lis.ly.gov.tw/lygazettec/mtcdoc?PD100111:LCEWA01_100111_00013

84 艾立勤，《維護人性尊嚴：天主教生命倫理觀》，頁 159。

主教認為「代理孕母」是將嬰兒及孕母商業化，因為這樣的行為是契約內容，是一種買賣，且婚姻及母權問題嚴重，「代理孕母」當中可能有捐精者或捐卵者的參與，當然一定會有提供子宮的孕母，複雜的人工生殖方式導致違反婚姻的尊嚴，且孕母與嬰孩被物化，故此天主教反對。[85]在國外有使用代理孕母的卵子或代理孕母之配偶的精子生產後，導致代理孕母認為孩子是自己的，且有血緣關係之爭議，考慮到該議題，在臺灣《人工生殖法部分條文修正草案》有提到「受術夫妻委託代孕生殖，須他人捐贈精子或卵子時，不得使用代孕者之卵子；代孕者有配偶時，不得使用其配偶之精子。」[86]可以感受到想降低爭議的產生，但卻無法說明「代理孕母」是否會商業化？是否會有「職業代理孕母」的產生？固然這項生殖技術可以為了不孕或無子宮的婦女帶來服務，但後續的影響都是需要去考慮的倫理問題。

至於複製人的議題，目前全球都還沒有合法複製「人類」的法律條文，甚至明文規定禁止「複製人」，但複製生物的技術是成功的，例如 1996 年的桃莉羊。複製生物技術是將體細胞的細胞核吸出，然後注入已去除細胞核的卵細胞中，再利用電擊或某些化學物質，誘使該融合的細胞分化形成胚胎，最後將細胞植入代理懷孕者的子宮待產。[87]如下頁圖片 1[88]，以複製羊為例。

反之，「複製人」就是將該項技術運用在人類身上，而取得一模一樣的人類。而天主教的觀點，認為複製人是侵犯人性尊嚴，並且將複製人視為「物件」，並侵犯對於複製人的人格與未來權利，更是違反了生育的尊嚴。[89]

趙雅博雖然沒有談論上述幾點議題，但其立場不會與天主教倫理學立場相去甚遠，故筆者認為以上也是他反對之理由，筆者也相信對於不孕而需要依賴上述技術的家庭，趙雅博也都會表示其關懷，趙雅博雖堅定其天主教倫理學立場，但也可以理解信徒外他人所苦。

三、國際倫理

國際倫理要討論的議題，國際議題以戰爭與和平為主題，來做討論，戰爭與和平是趙雅博關心的議題。

---

85 艾立勤，《維護人性尊嚴：天主教生命倫理觀》，頁 165～172。
86 立法院人工生殖法部分條文修正草案 PDF 版，頁 37。
87 《科學人雜誌》數位版 https://sa.ylib.com/MagArticle.aspx?Unit=newscan&id=293
88 圖片來源：http://juang.bst.ntu.edu.tw/JRH/biotech2fig.htm
89 艾立勤，《維護人性尊嚴：天主教生命倫理觀》，頁 178～181。

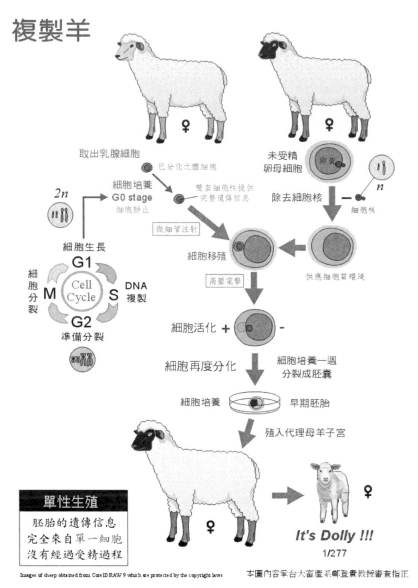

複製羊

取出乳腺細胞　　　　已分化之體細胞　　　未受精卵母細胞　　卵黃

2n　　　細胞培養　　　　雙套細胞核提供　　除去細胞核
　　　　G0 stage　　　　完整遺傳信息　　　　　　　　　n
　　　　細胞靜止　　　　　　　　　　　　　　　　　　細胞核

　　　　　　　　　　　微細管注射

細胞生長
　　G1　　　　　　　　　　　　　細胞移殖
細　Cell
胞　Cycle　DNA　　　　　　　　　　　　　供應細胞質環境
分　M　　S　複製
裂　　G2　　　　　高壓電擊
　　準備分裂

　　　　　　　　　　　細胞活化　＋　　　－

　　　　　　　　　　　細胞再度分化　　細胞培養一週
　　　　　　　　　　　　　　　　　　分裂成胚囊

　　　　　　　　　　　細胞培養　　　　早期胚胎

　　　　　　　　　　　　　　殖入代理母羊子宮

單性生殖
胚胎的遺傳信息
完全來自單一細胞　　　　　　　　　　　It's Dolly !!!
沒有經過受精過程　　　　　　　　　　　1/277

Images of sheep obtained from CorelDRAW 9 which are protected by the copyright laws　　本圖內容蒙台大畜產系鄭登貴教授審查指正

圖片 1

　　趙雅博認為在有人存在的一日，戰爭就很難避免，但是無論戰爭或是和平，都要有正義在其中，戰爭是受到道德的約束，像是自殺主義的士兵訓練是違反倫理道德的。軍人都應在未作戰時，有道德的訓練，愛國、勇德、團結等道德立場，且要譴責軍國主義把軍人當工具在訓練，這是脫離道德的。從歷史上的教訓來說，人類仍然重蹈覆轍，所以說戰爭是不可避免的事情。[90]戰爭與

90 趙雅博，《中外特殊倫理學》，頁 409～414。

和平與否的真正問題，是在國際之間，為維護國際秩序，國與國之間要保證彼此的獨立、自主與完整，但趙雅博認為最大問題在於有些國家的自私，國際秩序是國際秩序，確保國際秩序的國家責任是國家的責任，沒有人能保證國家一定會安分守己，直到今日世界共同政府的組織，還是無法面對各國的自私與紛爭，自然也沒有辦法處理得當。成立最高的世界政府，這是許多人的觀點，中世紀的教宗曾經就是最高元首，但結果為何？從理論上來說，有機會有世界政府，但實際上而言，人性、地理與各種因素，是不太可能的。[91]趙雅博認為要阻止戰爭獲得國際的和平，並不是指政治權力機構有其果效。社會、經濟機構也固然重要，世界經濟的不平衡，是產生戰爭的因素之一，而為了世界和平的努力除了這些機構的努力外，就應該是道德，各國需要有道德修養。[92]國際機構的力量，是建築在道德觀念上，也建築在人的道德意識上，一種平等的道德意識：「我需要生存在世上，別人也需要生存在世上」的觀念，若單純只有制定國際法這些外在因素，國際和平（包含國內何平）是無法維持的，機構只會淪為政治權力的工具。[93]因此國際道德是當代很重要的議題，沒有道德，國際上不會有真正的和平，應該使全世界的國家對於國際道德的重視與努力實現，這樣才會遠離戰爭，進入和平。[94]在此趙雅博依舊強調了道德教育的重要性。

　　趙雅博對於生態倫理也有所關心，趙雅博認為社會因為科技文化的進步，科技的進步導致生態的改變，在這當中趙雅博也批判，人因為自身利益而損害大自然的過程，趙雅博也認為人為了方便而發展出來的機器都有可能會破壞生態，在這上面需要注意，但更值得注意的是精神生活的生態或環境，許多國家對於科技的研究而產生對生態甚至對人的迫害，這是每個國家每個人都值得去關注的，對此趙雅博認為當時的社會處於「關於正義公道，更不用說，自國家到個人，幾乎在不重視之外，而不予以破壞者，則可以說是鳳毛麟角了。」的狀態，因此極需重視道德教育，才能使人與人之間或國與國之間，並人與生態之間達到和諧的境界。[95]

91　趙雅博，《中外特殊倫理學》，頁 422～424。
92　趙雅博，《中外特殊倫理學》，頁 482。
93　趙雅博，《中外特殊倫理學》，頁 487。
94　趙雅博，《中外特殊倫理學》，頁 496。
95　趙雅博，〈生態學之哲學基礎〉，《哲學與文化》，第 22 卷第 9 期，新北市：哲學與文化月刊雜誌社，1995 年 9 月，頁 786～796。

四、道德教育的當代性議題

　　道德教育，可以說是趙雅博在實踐其道德時，重要的思想核心，道德是為了要實踐，固然要先有道德知識才有辦法去執行。現階段的臺灣道德教育缺乏嚴重，在過去的各級教育過程中，會設置道德教育的項目，如：國小的「生活與倫理」與「健康教育」、國中的「公民與道德」、「健康教育」與「生活指導」、高中的「公民」、大學的「專業倫理」等科目，都是以培育學生正確的思想觀念與行為習慣，[96]臺灣教育部於 2014 年（民國 103 年）公布「十二年國民基本教育課程綱要」，於 108 年 8 月正式上路，俗稱：「108 課綱」。該課程綱要雖然希望培養學生核心素養[97]，已達到「道德實踐與公民意識」的素養提升，但現今十二年國教從小學三年級才開始學習「公民與社會」學習至國三畢業，高中依體制分為「普通」、「技術」、「綜合」與「單科」四種類型。普通型高中「公民與社會」6 學分，一、二年級各 3 學分，三年級無該課程；[98]技術型高中三年內社會科（歷史、地理與公民）需修習 6 至 10 學分，但各校可依

---

96 潘小慧，《倫理的理論與實踐》，台北市：文史哲出版社，2005 年，頁 150～154。
97 十二年國民基本教育之核心素養，強調培養以人為本的「終身學習者」，分為三大面向：
　　「自主行動」、「溝通互動」、「社會參與」。108 課綱以「核心素養」作為課程發展的主軸，以落實課綱的理念與目標，也兼顧各教育階段間的連貫以及各領域／科目間的統整。
　　「核心素養」是指一個人為了適應現在生活及面對未來挑戰，所應具備的知識、能力與態度。核心素養強調學習不局限於學科知識及技能，而應關注學習與生活的結合。核心素養強調培養以人為本的「終身學習者」，回應基本理念（自發、互動、共好），分為三大面向：「自主行動」、「溝通互動」、「社會參與」，此三大面向再細分為九大項目，並強調素養是與生活情境有緊密連結與互動的關係。自主行動：個人是學習的主體，學習者應選擇適當的學習方式，進行系統思考以解決問題，並具備創造力與行動力。溝通互動：學習者能廣泛且妥善運用各種工具，包括物質工具（如人造物、科技及資訊等）和社會文化工具（如語言、文字及符號等），與他人及環境能有良好且有效的互動，並具備藝術涵養與生活美感。社會參與：學習者處在彼此緊密連結的地球村，需要學習處理社會的多元性，以參與行動與他人或群體建立適切的合作模式與人際關係。108 課綱資訊網：https://12basic.edu.tw/12about-3-1.php 三大面向再細分為九大項目：「身心素質與自我精進」、「系統思考與解決問題」、「規劃執行與創新應變」、「符號運用與溝通表達」、「科技資訊與媒體素養」、「藝術涵養與美感素養」、「道德實踐與公民意識」、「人際關係與團隊合作」、「多元文化與國際理解」。教育部發布之十二年國教課綱彙整 PDF 版，頁 3，https://www.naer.edu.tw/ezfiles/0/1000/attach/87/pta_18543_581357_62438.pdf
98 教育部發布之十二年國教課綱彙整 PDF 版，頁 15。

群科屬性、議題融入、學生生涯發展、學校發展特色、師資調配等彈性開設，學生至少修習二科以上；[99]綜合型高中一年級社會科任選四學分，二、三年級後無該課程；[100]單科型高中一、二年級採領域教學 4 學分（社會科學概論、自然科學概論與藝術概論擇一）或社會、自然科學、藝術領域之各領域內也可採任意 2 科目，兩年共計 4 學分。[101]如此可見，從國中後，學生學習「公民與社會」的時間大不相同，更不用說除普通高中外，其餘類型高中選擇社會科時有機會不選擇「公民與社會」的課程，導致有些學生高中三年並沒有學習到任何道德教育，國家卻又希望後起的新生代可以擁有道德責任或道德實踐？筆者看來這確實不太容易達成，道德的教育需要培養與習慣，並不是告知理論而已，若只是理論理解，但這些學生與孩童的意志可以選擇不去行善，這樣只會造成更多社會亂象而已，故臺灣道德教育的施行制度確實調整之必要，並非該課綱的目標不好，而是實施時執行上的困難。雖說臺灣現今教育是為了激發孩童核心素養，但卻讓孩童對受教沒有興趣，尤其是從國小開始，讀書似乎是為了父母、老師來讀，沒有追求知識的快樂與好奇心。[102]雖然臺灣現今對於孩童教育不再像過往的「填鴨式」教育，形成較為「多元」的教育方式，但道德教育卻沒有太大的起色，或許理由與政府的政策與國民的價值觀有關，因為沒有教育孩童思考，他們不懂什麼是對與錯，不能夠分析，若一味控制思想，責學習者無法自主思考，不會正確思考，則容易受人煽動。[103]過往教育的「填鴨式」，這種灌入法，反效果較多。但現今多元教育讓學生自己摸索，對趙雅博而言，這也不會有成，最好的教育方式是合主動與被動，也就是綜合灌入法與多元教育，教授與啟發並進，使人會獨立思考，這才是現今最需要的教育方式。[104]在 108 課綱的推動上，「融入」[105]了「綜合活動」中「生命教育」的課

---

99 教育部發布之十二年國教課綱彙整 PDF 版，頁 20。
100 教育部發布之十二年國教課綱彙整 PDF 版，頁 24。
101 教育部發布之十二年國教課綱彙整 PDF 版，頁 28。
102 趙雅博，《中國文化與現代化（上）》，頁 447～448。
103 趙雅博，《突破與創新（學術篇）》，頁 27～28。
104 趙雅博，《突破與創新（學術篇）》，頁 32～33。
105 「生命教育」推動者孫效智認為「融入」一詞有三種不同的用法：「第一，即上述狹義的「融入」方式，將生命教育的某些議題做為特定科目之特定教學主題的素材來進行教育。這樣的融入不應妨礙原教學主題的主體性，它所能達成的只是一種潛移默化的生命教育；第二，當生命教育的特定議題適合做為某個科目的教學主題時，則應賦予該議題特定「教學主題」單元的地位，來融入該科目中，使該生命教育議題與該科目其他主題形成系統性的連結，共構該科目的教學主體；第三，當生

程，為的是使十二年國教「人的培育」發揮更大的力量，讓各年齡層的學生都能夠建立適合的人性觀與自我觀。「人的培育」是教育的根本，「公民教育」則是教育的目標。在孫效智《生命教育融入十二年國民基本教育課程之研究──期末報告》中指出：

> 現代社會的道德與倫理問題極其複雜，缺乏道德哲學（moral philosophy）的素養，國民將不知道德為何物，亦不知道德思辨與判斷的方法；缺乏各種應用倫理學（applied ethics）的涵養，則無法將道德判斷的方法應用在各種重大且具爭議性的倫理議題或公共議題的討論上。[106]

在孫效智的提議上「生命教育」課程將融入十二年國教，這是一個好的開始，但如筆者所言，在課程的安排上，高中生命教育課程僅只有一學分，實在是不夠。在研究案中也有提出「有人主張，「生命教育」作為「人的培育」最核心的一環，應作為整個國教的根基」，認為不該只是擴充時數或在中小學階段設科，認為應該要將「生命教育」融入所有領域或科目中，確實這個想法是好的，但研究案如此回答：「問題是，這樣的論述陳義過高，而且昧於現實。」[107] 誠如趙雅博所主張：道德的教育需要培養與習慣，且需要樹立榜樣。是否有足夠的師資教導孩童倫理道德，這也是個關鍵，對於過去缺少道德教育的教學下所產生的師資，若不是該師資有特別進修道德教育或本身家庭教育有教導其道德教育，確實有可能導致缺乏道德教育之經驗，在這樣的情況下，無法成為受教者的良好榜樣。但不可否認的「生命教育」亦是一種對於道德教育的推動，是好的開始。趙雅博曾說：

> 倫理教育，也一樣成為可能的，我們說成為可能，而沒有說成為現實的，這是因為要使教育，特別是倫理教育，在人們身上成為現實的，那必須有施教者與受教者的合作，而付諸實在地教與學，

命教育的特定議題群本身具有完整的知識系統性與重要性，且其主體性與教育意義無法被其他科目取代時，就適合以設立「科目」的方式來融入整個十二年國民基本教育的課程體系中。」而如何「融入」便是生命教育融入十二年國民基本教育課程之研究的目的。孫效智，生命教育融入十二年國民基本教育課程之研究──期末報告（編號：102-8-1），臺北市：國立臺灣大學生命教育研發育成中心，2014 年。PDF：https://rh.naer.edu.tw/cgi-bin/gs32/gsweb.cgi/ccd=81Hgzk/record?fulltext=%257EjRZbJRZbJR%255BMK_F&dbid=%257EjRZbJRZbJR%255BMK&irh_search=1
106 孫效智，生命教育融入十二年國民基本教育課程之研究──期末報告，頁 20。
107 孫效智，生命教育融入十二年國民基本教育課程之研究──期末報告，頁 31。

知與行的實在工夫，無實行，任何可能性都是潛存的。[108]

趙雅博重視教育的實踐性，尤其是道德教育，因為教育是教導人知行合一，故此教師們在教育上不只是思考如何教育，更要將教育的方法實踐，趙雅博主張「教育學在論題上是思辨的，而在其目的上，乃是實踐的。」[109]道德教育就是 一種應用哲學，將所學習的道德知識應用到實際生活中的教育方式，因此習慣道德與實踐道德是密不可分的。筆者認為在 108 課綱上有看見道德教育的推動，至於成效如何可能要等到未來才能知曉了。

趙雅博認為當今的政府注重經濟建設，期望教育配合經濟，以經濟為主，使現今的教育在使全人教育，而是更多的建教合作，「拚經濟」成為口號，價值觀開始以「錢」為主，導致父母希望孩童考好學校，才能賺更多的錢，讓孩童不停的補習。趙雅博認為適當的個別補習，可以讓課堂不懂的孩童，在下課後有機會再學習，而有可能就會懂了，是件好事，因為每個人領悟力不同，但現今的補習卻被當作為了「錢途」的路徑，以未來出路與薪資衡量人，並非平等看人，而造成對個人、家庭、社會的傷害。[110]趙雅博認為教育時部分配合經濟是可以的，但要教育全部配合經濟時，使將人看作物資，否認人的精神生活，會弄得國不國，家不家，甚至人不成人，後果嚴重，趙雅博認為教育當局應該要有所注意，因此對於臺灣文化與未來的出路，教育使具有決定性的影響力的，這點是政府應該關心的。[111]

趙雅博認為學校實施道德教育，應該從三點原則做起：[112]

第一，給予學生明確的是非觀念，讓他們知道何者為善，何者為惡。

第二，闡明行善與為惡的結果，使學生領會「行善易，做惡難」的哲理。

第三，在校內塑造適合道德形成的環境，使四育的實施都與實施與德育配合，也要重視「言教」、「身教」的一致。換句話說，就是一切教育活動都要和德育配合實施。

---

108 趙雅博，〈從教育字義看中國倫理教育的哲學基礎〉，《中國倫理教育哲學基礎國際學術研討會》，新北市：輔仁大學出版社，1985 年，頁 58

109 趙雅博，〈教育哲學基礎之研討〉，《現代學苑》，第 8 卷第 1 期，1971 年，頁 12。

110 趙雅博，《中國文化與現代化（上）》，頁 454～455。

111 趙雅博，《中國文化與現代化（上）》，頁 327～329。

112 該文章中並未提及「四育」為哪四育，但有提及首要為德育。陳麗珠，〈發展德育人人有責──訪談趙雅博教授〉，《師友月刊》，第 210 期，台北市：師友月刊雜誌社，1984 年 12 月，頁 14。

　　趙雅博呼籲大眾要多多重視道德教育，若沒有把良好的道德教育傳給下一代，那麼生活與文化會面臨解體的危機，「人」之所以為「人」的尊嚴也將逐漸消失。道德教育並不是只有學校在提倡，而是社會上每一個人的責任，趙雅博認為傳播媒體應扮演好道德傳播的功能，不要太多傷風敗俗的資訊，並希望父母不是只重視經濟狀況，而是能更多關心子女，給予應有的照顧和教誨，在這樣的狀態下，加上學校的道德教育之推動，才有辦法使社會進步，道德提升。[113]

　　為何政府政策與道德有關？趙雅博主張：在任何政體之下，執行者都是人，行政的對象也是人，人是行政的主體，但人又是道德的主體，故此政治與道德是相關的，而政府的目的為人民公益，若不實踐公益，政府則違反其職業道德，找要有人的行為且屬自由的，都與道德有關，因此政府與道德的關係是很近的。[114]政府在制定政策時，須考慮到是否符合公益，而道德教育確實是符合公益的，從趙雅博所舉的許多例子中，從個人到家庭，家庭到社會，社會到國際，都是需要依賴道德，才能使世界和平，人與人相處良好，若沒有道德實踐，人只會活在自私中，這也是趙雅博覺得道德實踐時最重要的地方——道德教育。

　　以上為趙雅博的理論應用在實際層面時的可能性，至於為何趙雅博的倫理學理論需要上帝的參與？這是許多人可能會有的問題，若缺乏上帝的存在談論倫理學會如何？筆者參考李震的回答：

> 肯定人的有限與上帝的無限，從有限過渡到無限有其必要性，這等於肯定了萬物的發生與存在皆不是偶然的，而是有其原因，若有限事物無法解決問題時，必須求一個最後且必要的絕對原因。否則，否定無限有與絕對有的存在，等於否定萬物的基礎，等於萬物沒有絕對的根，必然會陷入「虛無主義」（Nihilism）[115]的危險。[116]

　　趙雅博也認為上帝是可以證明的，但並不是必要的讓人信服，對於已經證明神的存在，是人可以自由決定的，在真理面前，理智沒有自由，但意志有，選擇信服真理與否則由人的意志決定。[117]另外一點，對於「道德的現代

---

113 陳麗珠，〈發展德育人人有責——訪談趙雅博教授〉，頁 14。

114 趙雅博，《中國文化與現代化（下）》，頁 602。

115 形上學與倫理學上的虛無主義認為形上實在以及我人所視為絕對的價值均係空洞的虛構。布魯格，《西洋哲學辭典》，頁 374。

116 李震，《基本哲學探討》，頁 421。

117 趙雅博，《哲學新論（卷一）》，頁 204。

化」，或是說「當代性」議題，趙雅博認為，從永恆角度（倫理學的絕對性）
去看，「善當行，惡當避」的原則下，如同藝術品的求真求善，且以美（和諧）
表現，道德是絕對的，無新舊之分，其次，人有自由意志，作用為選擇善遠離
惡，因此善惡之觀念，是內在的，有別的，即善觀念不能成為惡觀念，故此原
則上並沒有所謂現代化或當代性的問題，客觀上的道德是永久不變的；主觀
的道德，在實踐上，則應不斷更新與改善，但是不會以當代性或現代化為其標
準，而是以真與善來成為依據。[118]筆者可以說對於趙雅博的倫理學理論部分，
是不改變的，因為探究倫理學的原理、原則；但其實踐部分，屬於實踐問題，
也就有其當代性的問題產生，而在問題產生時，趙雅博仍然依循其倫理學原
則進行分析，故並非產生新的道德而捨棄舊的道德內涵，而是將其道德理論
增加新的外延，對於其道德本質是不改變的。

---

118 趙雅博，《中國文化與現代化（上）》，頁 196～198。

第六章　結　論

　　趙雅博的基本倫理學與特殊倫理學，其特色在於幾個重要的點，筆者先從基本倫理學的觀點出發，以這部分來說，趙雅博在西方士林哲學的四樞德基礎上，加上了東方「仁」的概念，「仁」從倫理觀念來看，是「行善避惡」的觀念，雖然趙雅博並沒有說「仁」有包含自然法的性質在其中，但筆者認為從「行善避惡」這點來說，就是自然法的原則，而趙雅博認為「仁」是德行的總綱，換句話說，「仁」貫穿了四樞德，在樞德中可以看見「仁」的德行在其中，而「仁」若成為「仁愛」或「愛」層次直接可從「四樞德」連接到「三超德」的層級，也就是從人與人之間的倫理道德中學習後，最終可達到愛神的心態，當然也可以反過來說，因為人有「愛」的超越性質在心中，所以愛神的同時，有辦法愛人，這也呼應了趙雅博「倫理學的絕對性」的部份，提出若沒有絕對的道德原則，則每個人的行為都可以是道德原則，在這樣的狀況下，沒有人是行為不道德的，人可殺人，國可攻國，每個人都是自己道德的主人，世界變得沒有秩序可言，故此絕對論理乃是存在的，才有是非善惡，人有行善之可能，也願意行善，且道德是永恆的。絕對的倫理學既然是無誤的，表示這是一個真理，而上帝既是真理又是絕對，故上帝是世界的原因。上帝是世界的原理原則，是至善，故上帝將其善分受於人，使人有行善的能力，故此人可以行善，且自然法告知人要去追求善，但上帝又給人意志，可以自由選擇，人也可以選擇「善」、「自以為的善」或明知是「惡」還去行。這是筆者認為其「仁」與「四樞德」所構成的「德行」概念，嚴格說起來並沒有多一個德行，因為「仁」這個德行在其餘四種中必定都會有，這成為一個中西倫理學融合的特色，也是趙雅博在理論中特別的點。趙雅博的理論是為了實踐，「道德屬於實踐」乃是趙雅博實踐哲學的核心。

　　趙雅博倫理學的主要特色可分為：一、其倫理學有天主教教義之參與，也就是新士林哲學的色彩；二、該倫理學為有系統的實踐哲學，依循多瑪斯倫理學系統；三、與臺灣的倫理道德有所結合，為要落實於臺灣本土。若說人的目的是追求幸福，但如果此幸福是假的或會被中斷的，那幸福就不是最完善的，因此要有一個永恆的、無盡的真理讓人追求，就是人最高的幸福也就是人的終極目的，對士林哲學與趙雅博而言，就是上帝本身，因為上帝就是至真、至善、至美與至聖的存在，以此為出發點開始趙雅博的倫理理論之發展。趙雅博認為「仁為人之行為之總綱」，上述有說明其「仁」概念為四樞德所共通之德行，而仁德的表現，落實後，可從惜物、愛人、敬天看出一個人的德行。智德，是判斷一件事情的是非對錯，明智可以使人做正確的事情，有了智德，人也才有後續的行動，進而選擇正確的事情。義德，是人與人之間的關係，是會影響他人的德行，重視行為的外在性，是一種使意志習慣善與行善，正義的善便是平等，平等並施予每個人應有之權利。勇德，不怕認錯改過，是比不怕死、不怕艱難困苦的勇敢更大的勇敢。節德，人的惡來自慾望，但有節德便能克制慾望，就不容易產生惡事。以上是趙雅博提出的五種德行，趙雅博也將其五種德行運用在實踐上，尤其道德教育中。

　　趙雅博比其同時期的臺灣新士林哲學倫理學學者來得不同的地方，在於比起其他人的理論分析，更加重視理論的實踐，而可以說是趙雅博推動倫理實踐的唯一方法，就是「教育」，在本論文中可以看到筆者不停地提到趙雅博對於道德教育之提倡，趙雅博希望國人都可以習慣道德行為，都可以成為有德行之人，而提出倫理學之實踐——「道德教育」，從小培育道德，才會避免社會淪落到道德沉淪的狀態，趙雅博強調家庭是道德教育的基礎，不要把道德教育全丟給學校來管教，而不管家庭教育，還是學校教育，甚至是社會的教育，都要以身教為核心，以身作則的樹立榜樣，使人學習「知行合一」之重要，建立習慣良好的行為典範，努力成為一個有道德的人。而生活在有道德習慣的社會中，自然而然所作所為都會是趨向善，但若沒有道德的教導就算社會知識水平在高，都有可能成為一個充滿紛爭的社會。趙雅博的倫理實踐著重於「教育」層面，趙雅博的教育不外乎是以「仁愛」為出發點，與其倫理學理論相同，趙雅博認為在對於教育要講求仁愛，讓受教育者或學習者在這樣的氛圍中成長，是有益於道德實踐，讓學習者耳濡目染「仁愛」與其德行，自然習慣行使出有德行的行為來，更容易是符合倫理道德的，因此趙雅博強調「身教」，教師以

身作則，曾為學習者的良好榜樣。

以當代來說，趙雅博認為當今的教育太講究給予自由，卻沒有教導學習者負責，而對自己行為的負責卻比起自由還要重要，若是只講究自由，不講究負責，只會形成一個混亂的社會，筆者認為也許這些年來的年輕人的流行用語可以看出些端倪，例如從「只要我喜歡有什麼不可以？」到最近流行的「勇敢做自己」，這些流行用語的產生，若是沒有教導年輕人仁德與四樞德，那會產生許多自私的行為，如何說呢？若沒有仁德，「我喜歡」或「做自己」都有可能影響到他人，在愛自己的同時，並沒有學會愛別人，是自私的表現；若沒有智德，無法學會獨立判斷，不會思考何為是非對錯，「我喜歡」或「做自己」成為了自以為是，甚至認為自己都是對的，判斷只要與自己的答案不合，變排斥該答案，眼光變為狹小，無法接受他人指點；若沒有義德，只在意自身權利，不管他人的權利如何，「我喜歡」或「做自己」成為妨礙他人權力的來源；若沒有勇德，「我喜歡」或「做自己」成為不敢承認自己的錯誤或不認為自己需要改進；若沒有節德，「我喜歡」或「做自己」成為沒有節制且沒有底線的人。會成為這樣的原因，是因為並沒有人教導他們要為自身的行為負起責任，但卻不斷的提倡自由，且這種自由已經到放蕩、放肆且影響到他人的局面，而當突如其來需要負責任時，許多人往往無法承擔自己責任，因為平常沒有學習過，而德行行為都是需要習慣的，沒有習慣德行的人，進而產生了最新的流行用語「我就爛」，除了妄自菲薄外，還帶給人一種不負責任的負面態度。故此趙雅博所說的道德教育顯得更加重要了。

沒有道德習慣的養成，如何有德行的產生？如何有道德的可能？像是2019年新型冠狀肺炎（COVID-19）一樣，有許多國家的人民出來抗議[1]，認為「強制戴口罩」這個政策影響到人身自由，而進行抗議活動，但想想這個舉動不就是為了保護自己與他人嗎？若只高舉「自由」卻不用為了自己的行為負責任，那只是「自私」而已，並非真正的自由。又或是以為是「假新聞」，認為不可信，趙雅博也認為這是一個「假的時代」[2]，除了創造許多非自然的物品外，對於物品還有假的，例如仿冒、抄襲‧偽造等，各種虛假的出現，對於道德之誠的冒犯，使大家開使生活在自欺欺人之中，有時誠來偽去，導致大家互

---

1 美國、德國、法國、日本、西班牙都出現民眾抗議「強制戴口罩」的政策，多國甚至出現反口罩運動。https://www.ctwant.com/article/66540、http://www.bcc.com.tw/news View.4400807、https://www.taisounds.com/w/TaiSounds/society_20080311081793683
2 趙雅博，《突破與創新（修身篇）》，頁58～63。

不信任，在這樣的時代有了「假新聞」的出現，形成「放羊的小孩」般的狀況，導致大家對於真新聞也有所懷疑，故此趙雅博認為更需要道德教育，使人有道德之誠，出於真實的心，真誠相愛，才會愛己愛人，使社會更美好。筆者認為當代社會的況狀，就如同趙雅博所預測的，因為社會對於道德教育的不重視，變成了一個知識份子多，道德水平卻沒有增長的社會，這也是特殊倫理學的應用——道德教育，需要被推廣與重視的地方。

　　隨著趙雅博的倫理學，一開始給予基礎的理論，讓人知道倫理道德並非個人自由確立的，而是有一個共同普遍的表準，從中也可以看出趙雅博有著濃厚的新士林哲學倫理學色彩，尤其是新多瑪斯主義的倫理學。在這原理原則中，並不會隨著時代改變，對趙雅博來說就是他所提出的五種德行「仁、智、義、勇、節」，雖外延偶爾會增加，但其內涵並不會改變，這才是真正的倫理道德，倫理道德有其絕對性，也就是真理的部分，例如每個人都有行善之可能，且追求善。而將五種德行運用在生活中，就是一種實踐，但要能習慣這樣的實踐，必須有榜樣且被教育，家庭的道德教育對於趙雅博而言非常重要，道德教育並非只有學校教學而已，而是在學習者長時間所處的家庭生活中建立，慢慢地才到學校的學習，家庭是影響人道德習慣的開端，學校只是輔助矯正其壞習慣。趙雅博的倫理學理論與實踐若放在當代的位置中，筆者認為趙雅博的基本倫理學和特殊倫理學開啟了當代的新視點，雖然趙雅博會認為「真正的道德並不會被現代化」，與其說新視點，或許說重申道德論點更為恰當。趙雅博的倫理學比起以往的四樞德，更提出仁之德（愛之德），不只可以給予其倫理學有更深的形上學基礎，也連接超性之德——「三超德」，建立一套有系統性的絕對性架構，也就是臺灣新士林哲學的倫理學體系，而實踐層面達到將德行生活化，融入日常，讓人習慣在日常行善，甚至可以將這一套倫理學體系給教育化，直接成為道德教育的方式，可以以其倫理學理論為教育核心與內容，教導何謂道德，何謂德行，並身體力行，用身教教導「知行合一」的倫理學，並以趙雅博所說的教育方法使道德成為人生活中的一部分，道德實踐從「修身」開始，最終達到「齊家、治國、平天下」，這是趙雅博所要帶給大家的倫理學理論與其實踐方式，並有其遠見與前瞻，冀望趙雅博探討基本倫理學和特殊倫理學的方式，受到當代的重視，重新審視趙雅博的新士林倫理學對於當今的重要性，透過將趙雅博的基本倫理學和特殊倫理學兩者串連，並與當今倫理議題結合，討論出更具當代性的新視角。

註釋圖表

一、趙雅博生平年表

趙雅博生平重大事蹟年表		
時　間	地　點	事　蹟
1917 年 4 月 13 日	河北望都縣	趙雅博出生
1917 年 12 月 21 日	河北	趙雅博受洗
1929 年	保定	十二歲入保定修院，後進入北平神哲學院。
1943 年 7 月 13 日	中國（筆者推測為北平神哲學院）	深受雷鳴遠神父感召，加入「耀漢小兄弟會」，取名雅博
1945 年	北平	宣發初願
1946 年	北平	進入輔仁大學中文系
1949 年	北平	宣發終生願
1949 年	北平	畢業於輔仁大學中文系
1949 年	西班牙	學習西班牙語
1951 年 5 月 27 日	馬德里	派其輔理主教 Jose Maria Lahiguer，祝聖趙雅博為司鐸
1952 年	馬德里	取得博士學位
1954 年 11 月	臺灣	趙雅博來台時間
1955 年	臺灣	任教於師範大學、文化大學、輔仁大學、國防研究院、政治大學
1961 年 5 月～1963 年 8 月	台北	創辦《現代學人》雜誌（後來的《哲學與文化》月刊）
1970 年 8 月 1 日～1972 年 7 月 31 日	台北	擔任政治大學第二任系主任

1972 年	阿根廷	於薩爾瓦多大學東方學系執教，亦擔任該校遠東學院院長，兩年後獲該校遠東學院立為永久榮譽教授（筆者推測為取得阿根廷籍原因）[1]
1973 年 8 月 1 日～1980 年 7 月 31 日	台北	擔任政治大學第四任系主任
1980 年 5 月～1992 年	台中	擔任耀漢小兄弟會總會長
1984 年 8 月～1995 年	台中	衛道中學校長
1995 年	臺灣	趙雅博退休
2003 年 1 月 28 日	台中	取得中華民國外僑永久居留證
2011 年 2 月 3 日	台中	移民署致謝趙雅博對臺灣的貢獻，趙雅博強調他已經是臺灣人，將永遠留在臺灣這塊土地
2015 年 12 月 3 日	台中	蒙主恩召
2015 年 12 月 22 日	台中	於法蒂瑪聖母堂舉行殯葬彌撒
2016 年 3 月 11 日	台中（3 月 23 日於衛道中學）	獲第 7237 期總統褒揚令
2017 年 5 月 24 日	新北	輔大哲學系舉辦紀念趙雅博教授學術研討會

二、趙雅博生平著作表

　　筆者盡可能的找出趙雅博的著作、文章與其翻譯的書籍，將找尋到的資料製作成下圖。筆者以出版年份作為排序。部分書籍無年分及出版社，可能為自印或未出版，這些書籍的資料來源來自趙雅博《中外特殊倫理學》一書中，所列出來的著作，該書只給予出版社名稱，並無年分，有些筆者已找到資料並補充於下表，至於未找到詳細資料的部分（主要為譯本）筆者將補充於下表 2006 年以後。若未特別標記類別則為書籍。趙雅博著作等身，大量投稿期刊，總計 752 篇，因篇幅過多，筆者不特別列出期刊作品。[2]

1　李善龍、曾少聰，〈阿根廷移民政策的演變──兼論阿根廷中國移民的歷史與特徵〉，《華僑華人歷史研究》，北京：中國華僑華人歷史研究所，2019 年 6 月第 2 期，頁 16。http://www.ims.sdu.edu.cn/_local/9/07/F3/A12F7FD02609E8D76442A5ABF13_D0CA6AD1_122898.pdf

2　趙雅博投稿期刊總計 752 篇，根據統計如下，筆者以「期刊名稱（篇數）」表示：哲學與文化（138 篇）、大陸雜誌（89 篇）、中華易學（35 篇）、中華文化復興月刊（31 篇）、國教世紀（27 篇）、幼獅月刊（22 篇）、東方雜誌（20 篇）、中國文化月

	出版日期	書　名	出版社	類　別
1.	1955 年 1 月	今日西班牙	中華文化出版事業委員會	散文

刊（19 篇）、國立編譯館館刊（19 篇）、中國一周（18 篇）、中華文化復興月刊（31 篇）、國教世紀（27 篇）、幼獅月刊（22 篇）、東方雜誌（20 篇）、中國文化月刊（19 篇）、國立編譯館館刊（19 篇）、中國一周（18 篇）、現代學苑（18 篇）、文藝月刊（14 篇）、新聞天地（14 篇）、國魂（13 篇）、臺灣美術（13 篇）、中國國學（12 篇）、自由青年（12 篇）、中央月刊（9 篇）、幼獅文藝（9 篇）、文藝復興（9 篇）、新聞天地（14 篇）、國魂（13 篇）、臺灣美術（13 篇）、中國國學（12 篇）、自由青年（12 篇）、中央月刊（9 篇）、幼獅文藝（9 篇）、文藝復興（9 篇）、新時代（9 篇）、中山學術文化集刊（8 篇）、孔孟月刊（8 篇）、思想與時代（8 篇）、哲學年刊（7 篇）、哲學論集（7 篇）、恆毅（7 篇）、臺灣省立師範大學教育研究所集刊（7 篇）、師大學報（6 篇）、新夏月刊（6 篇）、中山學術文化集刊（8 篇）、孔孟月刊（8 篇）、思想與時代（8 篇）、哲學年刊（7 篇）、哲學論集（7 篇）、恆毅（7 篇）、臺灣省立師範大學教育研究所集刊（7 篇）、師大學報（6 篇）、新夏月刊（6 篇）、新文藝（6 篇）、現代美術（6 篇）、美育（6 篇）、輔仁學誌・文學院之部（6 篇）、國教之友（5 篇）、國立臺灣師範大學教育研究所集刊（5 篇）、綜合月刊（5 篇）、臺灣教育輔導月刊（5 篇）、人文學報・輔大（4 篇）、國教輔導（4 篇）、輔仁學誌・文學院之部（6 篇）、國教之友（5 篇）、國立臺灣師範大學教育研究所集刊（5 篇）、綜合月刊（5 篇）、臺灣教育輔導月刊（5 篇）、人文學報・輔大（4 篇）、國教輔導（4 篇）、大學雜誌（4 篇）、華學月刊（4 篇）、藝術家（4 篇）、教育文摘（3 篇）、教與學（3 篇）、文壇（3 篇）、暢流（3 篇）、現代（3 篇）、現代國家（3 篇）、現代學人（3 篇）、藝術家（4 篇）、教育文摘（3 篇）、教與學（3 篇）、文壇（3 篇）、暢流（3 篇）、現代（3 篇）、現代國家（3 篇）、現代學人（3 篇）、臺灣教育（3 篇）、鵝湖（3 篇）、中國天主教文化（2 篇）、中國論壇（2 篇）、出版與研究（2 篇）、天然（2 篇）、政治評論（2 篇）、新思潮（2 篇）、書評書目（2 篇）、鐸聲（2 篇）、鵝湖（3 篇）、中國天主教文化（2 篇）、中國論壇（2 篇）、出版與研究（2 篇）、天然（2 篇）、政治評論（2 篇）、新思潮（2 篇）、書評書目（2 篇）、鐸聲（2 篇）、雄獅美術（2 篇）、中國人雜誌（1 篇）、中國書目季刊（1 篇）、中國月刊（1 篇）、中華學術院天主教學術研究所學報（1 篇）、中道（1 篇）、今日生活（1 篇）、傳記文學（1 篇）、公教智識（1 篇）、國教月刊（1 篇）、中國人雜誌（1 篇）、中國書目季刊（1 篇）、中國月刊（1 篇）、中華學術院天主教學術研究所學報（1 篇）、中道（1 篇）、今日生活（1 篇）、傳記文學（1 篇）、公教智識（1 篇）、國教月刊（1 篇）、國立政治大學學報（1 篇）、孔孟學報（1 篇）、宗教世界（1 篇）、實踐（1 篇）、師友月刊（1 篇）、幼獅學誌（1 篇）、故宮季刊（1 篇）、教育與文化（1 篇）、教育資料文摘（1 篇）、文訊（1 篇）、文風（1 篇）、新動力（1 篇）、新竹師專學報（1 篇）、社教雙月刊（1 篇）、社會學與社會工作（1 篇）、臺北市立師範學院學報（1 篇）、花蓮師專學報（1 篇）、華岡學報（1 篇）、藝壇（1 篇）、道風（1 篇）。參考網址如下：https://tpl.ncl.edu.tw/NclService/JournalContent?q%5B0%5D.f=AU&q%5B0%5D.i=%E8%B6%99%E9%9B%85%E5%8D%9A&q%5B1%5D.o=0&q%5B1%5D.f=*&page=15&pageSize=20&orderField=PublicationDate_sort&orderType=asc

2.	1956 年	聖女耶穌德來自傳	光啟出版社	譯本
3.	1957 年	天主教與民主	光啟出版社	
4.	1957 年	羊毛衫（亨利·波爾德著）	光啟出版社	譯本
5.	1958 年 9 月	談思想	光啟出版社	
6.	1959 年 3 月	哲學概論	臺灣中華書局	
7.	1960 年	雷鳴遠神父傳	自由太平洋文化公司	傳記
8.	1960 年	抽象藝術論	自由太平洋文化公司	
9.	1960 年	存在主義論叢	自由太平洋文化公司	
10.	1963 年 12 月	芳濟·駱梅隆與其學派	教育研究集刊第六輯	
11.	1964 年	中國思想方法與批判	世界書局	
12.	1965 年	烽火聲中的雷鳴遠	自由太平洋文化公司	傳記
13.	1965 年	怎樣讀聖經	光啟出版社	譯本
14.	1965 年	存在主義論叢	自由太平洋文化公司	
15.	1966 年 11 月	思想方法與批判	世界書局	
16.	1967 年 6 月	西洋哲學的發展之	臺灣商務印書館	
17.	1968 年	哲學家與信仰	聞道出版社	
18.	1968 年	心靈的十四行詩（Juan Ramón Jiménez）	啟業書局	譯本
19.	1968 年 2 月	邏輯實證論評介	啟業書局	
20.	1968 年 7 月	現代人文主義的面面觀	啟業書局	
21.	1968 年	人文科學的哲學研究	十月出版社	
22.	1969 年	最新西洋美術全史	啟業書局	
23.	1969 年	哲學論集	幼獅文化公司	譯本
24.	1969 年 11 月	哲學新論（四冊）	啟業書局	
25.	1969 年 12 月	希臘三大哲學家	正中書局	
26.	1970 年	現代中國的哲學與宗教	光啟出版社	
27.	1970 年 6 月	沙特思想與存在主義	達達書屋	
28.	1970 年 9 月	西班牙三大作家之研究	地平線出版社	
29.	1970 年 10 月	二十世紀哲學流派	哲志出版社	
30.	1971 年 9 月	哲學概論新編（二冊）	文景出版社	
31.	1972 年	近代哲學思想探原	啟德出版社	

32.	1974 年 5 月	文藝哲學新論	臺灣商務印書館	
33.	1975 年	七寶樓台（大德蘭著）	光啟出版社	譯本
34.	1975 年 3 月	中西文化的新出路	臺灣商務印書館	
35.	1975 年 6 月	天涯驚鴻	水牛出版社	散文
36.	1976 年	文學藝術心理學	藝術圖書	
37.	1976 年	靈感與創作之實施	國立編譯館	
38.	1976 年 3 月	論法律與倫理教育（一）	國教世紀第 11 卷第 9 期	
39.	1977 年	知識的等級：區分為了統一（馬里旦著）	正中書局	譯本
40.	1978 年	現代人文主義面面觀	聞道出版社	
41.	1978 年	人文主義何處去？	聞道出版社	
42.	1979 年 2 月	知識論	幼獅文化公司	
43.	1980 年	登上嘉爾默羅山	天主教耀漢小兄弟會	譯本
44.	1980 年	黑暗之夜（聖十字若望著）	天主教耀漢小兄弟會	譯本
45.	1980 年	熱愛中國的兩神父	正統出版社	傳記
46.	1980 年 11 月 20 日	也談司法審判採入闈方式	自立晚報第 4 版	報章
47.	1981 年	文學與藝術心理學	正統文化出版社	
48.	1981 年	心靈之歌（聖十字若望著）	天主教耀漢小兄弟會	譯本
49.	1981 年	摩里亞珂	環華百科出版社	譯本
50.	1981 年 4 月	家庭倫理面面觀	聞道出版社	
51.	1981 年 10 月	現代人生觀	王記書坊	
52.	1982 年	金言、建言、書信、詩歌（聖十字若望著）	天主教耀漢小兄弟會	譯本
53.	1982 年 10 月	中外哲學概論之比較研（二冊）	中央文物供應社	
54.	1983 年 9 月	宗教與文化	聞道出版社	
55.	1983 年	中外藝術創作心理學	中央文物供應社	
56.	1983 年	馬丁斐野樂（海南多 Jose Hernandez 著）	國立編譯館	譯本
57.	1984 年	孤獨人，又名，達巴瑞酋長	國立編譯館	譯本
58.	1984 年 2 月	認識沙特	臺灣商務印書館	

59.	1984 年 4 月	以色列朝聖記	輔仁大學	散文
60.	1984 年 5 月	小大由之集	星光出版社	
61.	1984 年 7 月	十子批判	星光出版社	
62.	1985 年	從教育字義看中國倫理教育的哲學基礎	輔仁大學出版社	國際學術會議文章
63.	1986 年	印度哲學思想史	國立編譯館	
64. 期刊	1987 年	死亡的戰士（Antonio Seluja 著）	貞觀出版社	譯本
65.	1987 年	原始儒學的人文思想	孔孟學會	國際學術會議文章
66.	1987 年	改變近代世界的三大思想家——馬克斯·尼采·佛洛依德	臺灣商務印書館	
67.	1988 年	中國文化論文集（九）	東海大學出版社	
68.	1989 年	科學與科技	國立編譯館	
69.	1989 年	宗教教育與人生	輔仁大學	
70.	1990 年 6 月	雷鳴遠與中國	衛道中學	傳記
71.	1990 年 8 月	哲學問題研究	國立編譯館	
72.	1991 年	全德之路與金言	慈幼出版社	
73.	1991 年	藝術哲學散論	臺中縣立文化中心	
74.	1991 年	《雷鳴遠神父專刊》第 2 集 雷鳴遠對中國文化的貢獻——中國文化現代化的問題	天主教耀漢小兄弟會	專刊
75.	1991 年	《雷鳴遠神父專刊》第 3 集 雷鳴遠辦報的態度	天主教耀漢小兄弟會	專刊
76.	1991 年	《雷鳴遠神父專刊》第 3 集 天津時代的雷鳴遠神父（賈國安著）	天主教耀漢小兄弟會	譯本
77.	1991 年	《雷鳴遠神父專刊》第 4 集 雷鳴遠神父與中國主教	天主教耀漢小兄弟會	專刊
78.	1991 年	《雷鳴遠神父專刊》第 5 集 永不消極的雷鳴遠	天主教耀漢小兄弟會	專刊
79.	1992 年	中國文化與現代化	黎明文化公司	
80.	1992 年	白話老子	星光出版社	

81.	1993 年	知識社會學	正中書局	
82.	1993 年 5 月	倫理道德教育與性教育	臺灣書店	
83.	1994 年	聖女耶穌大德蘭自傳	慈幼出版社	譯本
84.	1994 年 11 月	挑戰	臺灣書店	散文
85.	1995 年	雅歌的沉思：天主特恩及傾訴心曲（大德蘭著）	天主教耀漢小兄弟會	譯本
86.	1995 年 6 月	中外特殊倫理學	衛道中學	
87.	1996 年	中國古代思想批判史（二冊）	天主教互愛傳播服務中心（自印）	
88.	1996 年 4 月	突破與創新（二冊）	臺灣書店	
89.	1998 年 9 月	成聖大憲章——真福八端	衛道中學	
90.	1998 年 12 月	心靈改造：新人類的精神環保	渤海堂	
91.	1999 年 8 月	成功之路	自印	
92.	1999 年 8 月	愛在平信徒中	天主教耀漢小兄弟會	
93.	1999 年 10 月	愛在修會中	天主教耀漢小兄弟會	
94.	2000 年 11 月	新世紀宗教	聞道出版社	
95.	2001 年	《第七屆中國天主教傳教史——中國教理講授史》〈雷鳴遠神父福傳方法之紹述〉	輔仁大學天主教史料研究中心	國際學術研討會手冊
96.	2001 年 10 月	秦漢思想批判史	文景出版社	
97.	2005 年	仁愛與寬恕放在生與死後	文景出版社	
98.	2006 年 11 月	談美：從自然美到藝術美（二冊）	士林哲學研究中心	
99.	不詳	神祕學	註明：排印中	譯本
100.	不詳	怎樣讀聖經	註明：光啟	譯本
101.	不詳	善與彌撒	註明：自由太平洋	譯本
102.	不詳	諾貝爾獎金叢書希墨內思想的詩	註明：九華出版社	譯本
103.	不詳	熱愛天主	註明：衛道	譯本
104.	不詳	馬暗之夜	不詳	譯本
105.	不詳	薩爾特的無神論	不詳	書籍

三、註釋 74 之表格，此表格照年份排列

翻譯年份	譯　者	英：human acts 拉丁：*actus humanus*	英：acts of man 拉丁：*actus hominis*
1969	趙雅博	屬人的行為	人的行為
1979	羅光	有意識的行為	無意識的行為
1980	王臣瑞	人的行為	人的動作
1981	張振東	人性行為	人的行為
1983	高思謙	人的行為	人的活動
1985	曾仰如	人性行為	人的行為
1989	袁廷棟	有意行為	無意行為
2009	潘小慧	人性行為	人的行為

參考書目

本參考書目依筆畫遞增作為排序

一、趙雅博的著作

1. 趙雅博，〈生態學之哲學基礎〉，《哲學與文化》，第 22 卷第 9 期，新北市：哲學與文化月刊雜誌社，1995 年 9 月。

2. 趙雅博，〈挑戰倫理的懷疑主義和相對主義〉，《哲學與文化》，第 27 卷第 5 期，新北市：哲學與文化月刊雜誌社，2000 年 5 月。

3. 趙雅博，〈倫理學：智德的必要性〉，《哲學與文化》，第 14 卷第 3 期，新北市：哲學與文化月刊雜誌社，1987 年 3 月。

4. 趙雅博，〈從教育字義看中國倫理教育的哲學基礎〉，《中國倫理教育哲學基礎國際學術研討會》，新北市：輔仁大學出版社，1985 年。

5. 趙雅博，〈教育哲學基礎之研討〉，《現代學苑》，第 8 卷第 1 期，1971 年。

6. 趙雅博，〈道德與幸福〉，《鵝湖月刊》，第 7 期，台北市：鵝湖月刊雜誌社，1976 年 1 月。

7. 趙雅博，《中外哲學概論之比較研究》（上冊），台北市：中華文化復興運動推行委員會，1982 年。

8. 趙雅博，《中外哲學概論之比較研究》（下冊），台北市：中華文化復興運動推行委員會，1982 年。

9. 趙雅博，《中外特殊倫理學》，台中市：衛道高級中學，1995 年。

10. 趙雅博，《中外基本道德論》，台北市：正中書局，1994 年。

11. 趙雅博，《中國文化與現代化（上）》，台北市：黎明文化事業股份有限公司，1992 年。

12. 趙雅博,《中國文化與現代化（下）》,台北市：黎明文化事業股份有限公司,1992 年。

13. 趙雅博,《西方當代哲學》,台北市：國立編譯館,1977 年。

14. 趙雅博,《西洋哲學的發展》,台北市：臺灣商務印書館,1970 年。

15. 趙雅博,《突破與創新（修身篇）》,台北市：臺灣書店,1996 年。

16. 趙雅博,《突破與創新（學術篇）》,台北市：臺灣書店,1996 年。

17. 趙雅博,《倫理道德教育與性教育》,台北市：臺灣書店,1993 年。

18. 趙雅博,《哲學新論》（卷一）,台北市：啟業書局,1969 年。

19. 趙雅博,《哲學新論》（卷二）,台北市：啟業書局,1969 年。

20. 趙雅博,《哲學新論》（卷三）,台北市：啟業書局,1969 年。

21. 趙雅博,《哲學新論》（卷四）,台北市：啟業書局,1969 年。

22. 趙雅博,《哲學論集》,台北市：臺灣中華書局,1969 年。

23. 趙雅博,《家庭倫理問題面面觀》,台南市：聞道出版社,1985 年。

24. 趙雅博,《現代人文主義面面觀》,台北市：啟業書局,1968 年。

25. 趙雅博,《新世紀宗教》,台南市：聞道出版社,1990 年。

26. 趙雅博,《談美：從自然美到藝術美（上）》,新北市：輔仁大學士林哲學研究中心,2006 年。

27. 趙雅博,《談美：從自然美到藝術美（下）》,新北市：輔仁大學士林哲學研究中心,2006 年。

二、倫理學相關著作

1. （德）卡爾・白舍客（Karl Heinz Peschke）著,常宏譯,《基督宗教倫理學：第二卷》（Christian Ethics）,上海：上海三聯書店,2003 年。

2. （德）卡爾・白舍客（Karl Heinz Peschke）著,靜也譯,《基督宗教倫理學：第一卷》（Christian Ethics）,上海：上海三聯書店,2003 年。

3. 王臣瑞,《倫理學》,台北市：臺灣學生書局,1980 年。

4. 艾金遜（David Atkinson）著,匯思譯,《基督教應用倫理學》,香港：天道書樓有限公司,2002 年。

5. 周克勤,《道德觀要義（上冊）》,台北市：臺灣商務印書館,1970 年。

6. 周克勤,《道德觀要義（下冊）》,台北市：臺灣商務印書館,1970 年。

7. 周克勤,《道德觀要義（中冊）》,台北市：臺灣商務印書館,1970 年。

8. 林火旺，《倫理學》，台北市：五南出版社，2004 年。

9. 侯活士（Stanley Hauerwas）著，申美倫、施多加譯，《品格的群體：基督教倫理學新典範》（ *A community of character: toward a constructive Christian social ethic* ），新北市：校園書房出版社，2020 年。

10. 侯活士（Stanley Hauerwas）著，紀榮智譯，《和平的國度：基督教倫理學獻議》（ *The Peaceable kingdom: A Primer in Christian Ethics* ），香港：基道出版社，2010 年。

11. 袁廷棟，《普通倫理學》，台北市：黎明文化事業股份有限公司，1989 年。

12. 高思謙，《中外倫理哲學比較研究》，台北市：中央文物供應社，1983 年。

13. 張振東，《士林哲學的基本概念（三）》，台北市：臺灣學生書局，1981 年。

14. 陳特，《倫理學釋論》，台北市：東大圖書公司，1994 年。

15. 陳耀生著，許建德譯，《十誡與真福八端：結合聖經研究的倫理反省》，台北市：光啟文化，2016 年。

16. 曾仰如，《倫理哲學》，台北市：臺灣商務印書館，1985 年。

17. 黃慧英，《道德之關懷》，台北市：東大圖書公司，1995 年。

18. 賈詩勒（Norman L. Geisler）著，李永明譯，《基督教倫理學》（ *Christian Ethics* ），香港：天道書樓有限公司，2000 年。

19. 潘小慧，《臺灣新士林哲學的倫理學發展》，台北市：至潔有限公司，2020 年。

20. 潘小慧，《四德行論：以多瑪斯哲學與儒家哲學為對比的探究》，台北市：哲學與文化月刊雜誌社，2007 年。

21. 潘小慧，《多瑪斯倫理學的當代性》，台北市：至潔有限公司，2018 年。

22. 潘小慧，《倫理的理論與實踐》，台北市：文史哲出版社，2005 年。

23. 潘小慧，《德行與倫理：多瑪斯的德行倫理學》，台南市：聞道出版社，2009 年。

24. 羅光，《實踐哲學》，台北市：臺灣學生書局，1979 年。

25. 薆德義，《基督教倫理學之基礎》，台中市：光鹽文化事業有限公司，1990 年。

三、專書

1. 多瑪斯·阿奎那（St. Thomas Aquinas），劉俊餘等譯，《神學大全》，臺灣：中華道明會、碧岳學社聯合發行，2008 年。

2. 何佳瑞主編，《臺灣士林哲學口述歷史》，新北市：輔大書坊，2015 年。

3. 何佳瑞主編，《臺灣士林哲學理論發展》，新北市：輔大書坊，2015 年。

4. 李世家，《近期臺灣哲學》，台北市：林鬱文化，1992 年。

5. 李震，《基本哲學探討》，新北市：輔大出版社，1996 年。

6. 沈清松，《士林哲學與中國哲學》，北京市：商務印書館，2018 年。

7. 林麗珊，《女性主義與兩性關係》，台北市：五南圖書出版有限公司，2007 年。

8. 耿開君，《中國文化的「外在超越」之路──論臺灣新士林哲學》，北京市：當代中國出版社，1999 年。

9. 張振東，《士林哲學的基本概念（一）》，台北市：臺灣學生書局，1984 年。

10. 張振東，《士林哲學的基本概念（二）》，新北市：輔仁大學出版社，1981 年。

11. 符文玲，《分享、疏離、共善：論卡洛·沃提瓦／若望保祿二世的人學》，台北市：光啟文化，2019 年。

12. 陳文裕，《梵蒂岡第二屆大公會議簡史》，台北市：上智出版社，1989 年。

13. 費蓋（H. Fesquet）著，吳宗文譯，《梵蒂岡第二屆大公會議日記》，台北市：天主教華明書局，1979 年。

14. 鄔昆如、高凌霞合著，《士林哲學》，台北市：五南圖書出版公司，1996 年。

15. 趙敦華，《基督教哲學 1500 年》，北京：人民出版社，1994 年。

16. 輔仁大學著作編譯會，《神學辭典》，台北市：光啟出版社，1996 年。

17. 樊志輝，《臺灣新士林哲學研究》，哈爾濱市：黑龍江人民出版社，2001 年。

18. 羅光，《多瑪斯論文集》，新北市：先知出版社，1975 年。

19. 關永中，《知識論──古典思潮》，台北市：五南圖書出版社，2000 年。

20. 關永中，《知識論──近世思潮》，台北市：五南圖書出版社，2000 年。

21. Adeva, Ildefonso. *Medical & Sexual ethics: Explanation and defense of current questions on human life, suffering & death*, Manila: Sinag-tala publishers, 1990.

22. Finnis, John. *Fundamentals of Ethics*, (USA) Oxford: Georgetown University

Press, 1983.

23. LaFollette, Hugh. *The Practice of Ethics*, Malden: Blackwell Publishing, 2007.

24. ST. Thomas Aquinas. *Summa Theologica Volume*, Translated by Fathers of the Province, English Dominican. New York: Benziger Brothers, 1981.

25. Swinburne, Richard. *the evolution of the soul*, Oxford: Clarendon Press, 1990.

四、工具書

1. （美）邁克爾·格拉茨（Michael Glazier）、莫妮卡·海威格編，趙建敏譯，《現代天主教百科全書》，北京市：宗教文化出版社，2012 年。

2. 天主教教務協進會，《天主教教理》，台北市：天主教教務協進會出版社（中國主教團），1996 年。

3. 布魯格編，項退結譯，《西洋哲學辭典》，台北市：華香園出版社，1992 年。

4. 輔仁大學著作編譯會，《公教會之信仰與倫理教義選集》，台北市：光啟文化，2013 年。

五、期刊論文

1. 天主教輔仁大學神學院神學論集編輯委員會，《神學論集》，第 33 卷，台中市：光啟出版社，1977 年 10 月。

2. 天主教輔仁大學神學院神學論集編輯委員會，《神學論集》，第 51 卷，台中市：光啟出版社，1982 年 4 月。

3. 李善龍、曾少聰，〈阿根廷移民政策的演變——兼論阿根廷中國移民的歷史與特徵〉，《華僑華人歷史研究》，北京：中國華僑華人歷史研究所，2019 年 6 月第 2 期。

4. 沈清松主編，《士林哲學在中國專題》，《哲學與文化》，第 37 卷第 11 期 No.438，新北市：哲學與文化月刊雜誌社，2010 年 11 月。

5. 孫效智，生命教育融入十二年國民基本教育課程之研究——期末報告（編號：102-8-1），臺北市：國立臺灣大學生命教育研發育成中心，2014 年。

6. 高齡霞，〈近五十年來臺灣地區士林哲學之研究與前瞻〉，《現代哲學》，2005 年卷第 4 期，廣東：廣東哲學學會，2005 年 12 月。

7. 陳麗珠，〈發展德育人人有責——訪談趙雅博教授〉，《師友月刊》，第 210

期，台北市：師友月刊雜誌社，1984 年 12 月。

8. 輔仁大學哲學系，《中國哲學與倫理學（上冊）》，新北市：輔仁大學出版社，1997 年。

9. 輔仁大學哲學系，《紀念趙雅博學術研討會——會議論文集》，新北市：輔仁大學哲學系，2017 年 5 月 24 日。

10. 劉千美、潘小慧主編，《紀念趙雅博教授專題》，《哲學與文化》，第 44 卷第 9 期 No.520，新北市：哲學與文化月刊雜誌社，2017 年 9 月。

11. 劉沐比，《聖多瑪斯《神學大全》中的自然法》，天主教輔仁大學宗教研究所碩士論文，2016 年。

12. 樊志輝、潘小慧主編，《臺灣新士林哲學研究專題》，《哲學與文化》，第 42 卷第 7 期 No.494，新北市：哲學與文化月刊雜誌社，2015 年 7 月。

13. 黎建球、陳文祥主編，《天主教教育與現代世界：〈天主教教育宣言〉公布五十週年專題》，《哲學與文化》，第 43 卷第 2 期 No.501，新北市：哲學與文化月刊雜誌社，2016 年 2 月。

14. 關永中，〈導言：超驗多瑪斯主義專題〉，《哲學與文化》，第 41 卷第 9 期 No.484，新北市：哲學與文化月刊雜誌社，2014 年 9 月。

六、網路資源

1. 《科學人雜誌》數位版
https://sa.ylib.com/MagArticle.aspx?Unit=newscan&id=293

2. https://www.twreporter.org/a/euthanasia-switzerland-dignitas-assisted-suicide?gclid=CjwKCAjw34n5BRA9EiwA2u9k3ztk-oj-uVaVeeje0rlhOxFq8rpsqhqOJfMW2Y9aWkxItKPsm8Is0BoCM0AQAvD_BwE

3. 中華民國統計資訊網資料「結婚對數、結婚率、離婚對數、離婚率」
https://www.stat.gov.tw/ct.asp?xItem=15409&CtNode=3622&mp=4

4. 立法院人工生殖法部分條文修正草案 PDF 版
https://lis.ly.gov.tw/lygazettec/mtcdoc?PD100111:LCEWA01_100111_00013

5. 全國法規資料庫 https://law.moj.gov.tw/Index.aspx

6. 長庚醫院台北院區生殖醫學中心——人工生殖技術簡介
https://www1.cgmh.org.tw/intr/intr1/c1750/07.%E4%BA%BA%E5%B7%A5%E7%94%9F%E6%AE%96%E6%8A%80%E8%A1%93%E7%B0%A1%E4%BB%8B.htm

7. 教育部《臺灣閩南語常用詞典》
   https://twblg.dict.edu.tw/holodict_new/default.jsp

8. 教育部發布之十二年國教課綱彙整 PDF 版 https://www.naer.edu.tw/ezfiles/
   0/1000/attach/87/pta_18543_581357_62438.pdf

9. 報導者〈我們延長的到底是生命，還是痛苦？──專訪瑞士組織「尊嚴」〉

10. 聯合國人口司「世界總人口以性別區分（Total Population by sex）」統計
    表 https://population.un.org/wpp/DataQuery/

11. 期刊文獻資訊網（趙雅博）
    https://tpl.ncl.edu.tw/NclService/JournalContent?q%5B0%5D.f=AU&q%5B
    0%5D.i=%E8%B6%99%E9%9B%85%E5%8D%9A&q%5B1%5D.o=0&q%
    5B1%5D.f=*&page=15&pageSize=20&orderField=PublicationDate_sort&or
    derType=asc

《基督教文化研究丛书》

主编：何光沪、高师宁

（1-9 编书目）

初　编　（2015 年 3 月出版）

ISBN：978-986-404-209-8　　　　　定价（台币）$28,000 元

册　次	作　者	书　名	学科别（／表示跨学科）
第 1 册	刘　平	灵殇：基督教与中国现代性危机	社会学／神学
第 2 册	刘　平	道在瓦器：裸露的公共广场上的呼告——书评自选集	综合
第 3 册	吕绍勋	查尔斯·泰勒与世俗化理论	历史／宗教学
第 4 册	陈　果	黑格尔"辩证法"的真正起点和秘密——青年时期黑格尔哲学思想的发展（1785 年至 1800 年）	哲学
第 5 册	冷　欣	启示与历史——潘能伯格系统神学的哲理根基	哲学／神学
第 6 册	徐　凯	信仰下的生活与认知——伊洛地区农村基督教信徒的文化社会心理研究（上）	社会学
第 7 册	徐　凯	信仰下的生活与认知——伊洛地区农村基督教信徒的文化社会心理研究（下）	
第 8 册	孙晨荟	谷中百合——傈僳族与大花苗基督教音乐文化研究（上）	基督教音乐
第 9 册	孙晨荟	谷中百合——傈僳族与大花苗基督教音乐文化研究（下）	

第 10 册	王 媛	附魔、驱魔与皈信——乡村天主教与民间信仰关系研究	社会学
	蔡圣晗	神谕的再造，一个城市天主教群体中的个体信仰和实践	社会学
	孙晓舒 王修晓	基督徒的内群分化：分类主客体的互动	社会学
第 11 册	秦和平	20 世纪 50－90 年代川滇黔民族地区基督教调适与发展研究（上）	历史
第 12 册	秦和平	20 世纪 50－90 年代川滇黔民族地区基督教调适与发展研究（下）	
第 13 册	侯朝阳	论陀思妥耶夫斯基小说的罪与救赎思想	基督教文学
第 14 册	余 亮	《传道书》的时间观研究	圣经研究
第 15 册	汪正飞	圣约传统与美国宪政的宗教起源	历史／法学

二 编 （2016 年 3 月出版）

ISBN：978-986-404-521-1　　　　　　定价（台币）$20,000 元

册 次	作 者	书 名	学科别（／表示跨学科）
第 1 册	方 耀	灵魂与自然——汤玛斯·阿奎那自然法思想新探	神学／法学
第 2 册	刘光顺	趋向至善——汤玛斯·阿奎那的伦理思想初探	神学／伦理学
第 3 册	潘明德	索洛维约夫宗教哲学思想研究	宗教哲学
第 4 册	孙 毅	转向：走在成圣的路上——加尔文《基督教要义》解读	神学
第 5 册	柏斯丁	追随论证：有神信念的知识辩护	宗教哲学
第 6 册	李向平	宗教交往与公共秩序——中国当代耶佛交往关系的社会学研究	社会学
第 7 册	张文举	基督教文化论略	综合
第 8 册	赵文娟	侯活士品格伦理与赵紫宸人格伦理的批判性比较	神学伦理学
第 9 册	孙晨荟	雪域圣咏——滇藏川交界地区天主教仪式与音乐研究（增订版）（上）	基督教音乐
第 10 册	孙晨荟	雪域圣咏——滇藏川交界地区天主教仪式与音乐研究（增订版）（下）	
第 11 册	张 欣	天地之间一出戏——20 世纪英国天主教小说	基督教文学

三　编 （2017 年 9 月出版）

ISBN：978-986-485-132-4　　　　　　　　定价（台币）$11,000 元

册　次	作　者	书　名	学科别（／表示跨学科）
第 1 册	赵　琦	回归本真的交往方式——托马斯·阿奎那论友谊	神学／哲学
第 2 册	周兰兰	论维护人性尊严——教宗若望保禄二世的神学人类学研究	神学人类学
第 3 册	熊径知	黑格尔神学思想研究	神学／哲学
第 4 册	邢　梅	《圣经》官话和合本句法研究	圣经研究
第 5 册	肖　超	早期基督教史学探析（西元 1~4 世纪初期）	史学史
第 6 册	段知壮	宗教自由的界定性研究	宗教学／法学

四　编 （2018 年 9 月出版）

ISBN：978-986-485-490-5　　　　　　　　定价（台币）$18,000 元

册　次	作　者	书　名	学科别（／表示跨学科）
第 1 册	陈卫真 高　山	基督、圣灵、人——加尔文神学中的思辨与修辞	神学
第 2 册	林庆华	当代西方天主教相称主义伦理学研究	神学／伦理学
第 3 册	田燕妮	同为异国传教人：近代在华新教传教士与天主教传教士关系研究（1807 ~ 1941）	历史
第 4 册	张德明	基督教与华北社会研究（1927 ~ 1937）（上）	社会学
第 5 册	张德明	基督教与华北社会研究（1927 ~ 1937）（下）	
第 6 册	孙晨荟	天音北韵——华北地区天主教音乐研究（上）	基督教音乐
第 7 册	孙晨荟	天音北韵——华北地区天主教音乐研究（下）	
第 8 册	董丽慧	西洋图像的中式转译：十六十七世纪中国基督教图像研究	基督教艺术
第 9 册	张　欣	耶稣作为明镜——20 世纪欧美耶稣小说	基督教文学

五 编 （2019 年 9 月出版）

ISBN：978-986-485-809-5　　　　　　　　定价（台币）$20,000 元

册　次	作　者	书　名	学科别（／表示跨学科）
第 1 册	王玉鹏	纽曼的启示理解（上）	神学
第 2 册	王玉鹏	纽曼的启示理解（下）	
第 3 册	原海成	历史、理性与信仰——克尔凯郭尔的绝对悖论思想研究	哲学
第 4 册	郭世聪	儒耶价值教育比较研究——以香港为语境	宗教比较
第 5 册	刘念业	近代在华新教传教士早期的圣经汉译活动研究（1807～1862）	历史
第 6 册	鲁静如 王宜强 编著	溺女、育婴与晚清教案研究资料汇编（上）	资料汇编
第 7 册	鲁静如 王宜强 编著	溺女、育婴与晚清教案研究资料汇编（下）	
第 8 册	翟风俭	中国基督宗教音乐史（1949 年前）（上）	基督教音乐
第 9 册	翟风俭	中国基督宗教音乐史（1949 年前）（下）	

六 编 （2020 年 3 月出版）

ISBN：978-986-518-085-0　　　　　　　　定价（台币）$20,000 元

册　次	作　者	书　名	学科别（／表示跨学科）
第 1 册	陈倩	《大乘起信论》与佛耶对话	哲学
第 2 册	陈丰盛	近代温州基督教史（上）	历史
第 3 册	陈丰盛	近代温州基督教史（下）	
第 4 册	赵罗英	创造共同的善：中国城市宗教团体的社会资本研究——以 B 市 J 教会为例	人类学
第 5 册	梁振华	灵验与拯救：乡村基督徒的信仰与生活（上）	人类学
第 6 册	梁振华	灵验与拯救：乡村基督徒的信仰与生活（下）	
第 7 册	唐代虎	四川基督教社会服务研究（1877～1949）	人类学
第 8 册	薛媛元	上帝与缪斯的共舞——中国新诗中的基督性（1917～1949）	基督教文学

七 编 （2021 年 3 月出版）

ISBN：978-986-518-381-3　　　　　　　　定价（台币）$22,000 元

册　次	作　者	书　名	学科别（／表示跨学科）
第 1 册	刘锦玲	爱德华兹的基督教德性观研究	基督教伦理学
第 2 册	黄冠乔	保尔. 克洛岱尔天主教戏剧中的佛教影响研究	宗教比较
第 3 册	宾静	清代禁教时期华籍天主教徒的传教活动（1721～1846）（上）	基督教历史
第 4 册	宾静	清代禁教时期华籍天主教徒的传教活动（1721～1846）（下）	
第 5 册	赵建玲	基督教"山东复兴"运动研究（1927～1937）（上）	基督教历史
第 6 册	赵建玲	基督教"山东复兴"运动研究（1927～1937）（下）	
第 7 册	周浪	由俗入圣：教会权力实践视角下乡村基督徒的宗教虔诚及成长	基督教社会学
第 8 册	查常平	人文学的文化逻辑——形上、艺术、宗教、美学之比较（修订本）（上）	基督教艺术
第 9 册	查常平	人文学的文化逻辑——形上、艺术、宗教、美学之比较（修订本）（下）	

八 编 （2022 年 3 月出版）

ISBN：978-986-404-209-8　　　　　　　　定价（台币）$45,000 元

册　次	作　者	书　名	学科别（／表示跨学科）
第 1 册	查常平	历史与逻辑：逻辑历史学引论（修订本）（上）	历史学
第 2 册	查常平	历史与逻辑：逻辑历史学引论（修订本）（下）	
第 3 册	王澤偉	17～18 世紀初在華耶穌會士的漢字收編: 以馬若瑟《六書實義》為例（上）	语言学
第 4 册	王澤偉	17～18 世紀初在華耶穌會士的漢字收編: 以馬若瑟《六書實義》為例（下）	
第 5 册	刘海玲	沙勿略：天主教东传与东西方文化交流	历史
第 6 册	郑媛元	冠西东来——咸同之际丁韪良在华活动研究	历史

册 次	作 者	书 名	学科别
第 7 册	刘影	基督教慈善与资源动员——以一个城市教会为中心的考察	社会学
第 8 册	陈静	改变与认同：瑞华浸信会与山东地方社会	社会学
第 9 册	孙晨荟	众灵的雅歌——基督宗教音乐研究文集	基督教音乐
第 10 册	曲艺	默默存想，与神同游——基督教艺术研究论文集（上）	基督教艺术
第 11 册	曲艺	默默存想，与神同游——基督教艺术研究论文集（下）	
第 12 册	利瑪竇著、梅謙立漢注 孫旭義、奧覓德、格萊博基譯	《天主實義》漢意英三語對觀（上）	经典译注
第 13 册	利瑪竇著、梅謙立漢注 孫旭義、奧覓德、格萊博基譯	《天主實義》漢意英三語對觀（中）	
第 14 册	利瑪竇著、梅謙立漢注 孫旭義、奧覓德、格萊博基譯	《天主實義》漢意英三語對觀（下）	
第 15 册	刘平	明清民初基督教高等教育空间叙事研究——中国教会大学遗存考（第一卷）（上）	资料汇编
第 16 册	刘平	明清民初基督教高等教育空间叙事研究——中国教会大学遗存考（第一卷）（下）	

九 编　　　　（2023 年 3 月出版）

ISBN：000-000-000-000-0　　　　　　　　定价（台币）$56,000 元

册 次	作 者	书 名	学科别（／表示跨学科）
第 1 册	郑松	麦格拉思福音派神学思想研究	神学
第 2 册	任一超	心灵改变如何可能？——从康德到齐克果	基督教哲学
第 3 册	劉沐比	論趙雅博基本倫理學和特殊倫理學之串連	基督教伦理学
第 4 册	王务梅	论马丁·布伯的上帝观	基督教与犹太教

第 5 册	肖音	明末吕宋之中西文化交流（上）	教会史
第 6 册	肖音	明末吕宋之中西文化交流（下）	教会史
第 7 册	张德明	基督教五年运动与民国社会（上）	教会史
第 8 册	张德明	基督教五年运动与民国社会（下）	教会史
第 9 册	陈铃	落幕：美国新教在华传教事业的终结（1945～1952）	教会史
第 10 册	黄畅	全球史视角下基督教在英国殖民统治中的作用——以 1841～1914 年的香港和约鲁巴兰为例	教会史
第 11 册	杨道圣	言像之辩：基督教的图像与图像中的基督教	基督教艺术
第 12 册	张雅斐	晚清聖經人物漢語傳記研究——以聖經在華接受史的視角	基督教艺术
第 13 册	包兆会	缪斯与上帝的相遇——基督宗教文艺研究论文集	基督教文学
第 14 册	张欣	浪漫的神学：英国基督教浪漫主义略论	基督教文学
第 15 册	刘平	明清民初基督教高等教育空间叙事研究——中国教会大学遗存考（第二卷：福建协和神学院）	资料汇编
第 16 册	刘平、赵曰北主编	传真道于中国——赫士及华北神学院百年纪念文集（第一册）	论文集
第 17 册	刘平、赵曰北主编	传真道于中国——赫士及华北神学院百年纪念文集（第二册）	
第 18 册	刘平、赵曰北主编	传真道于中国——赫士及华北神学院百年纪念文集（第三册）	
第 19 册	刘平、赵曰北主编	传真道于中国——赫士及华北神学院百年纪念文集（第四册）	
第 20 册	刘平、赵曰北主编	传真道于中国——赫士及华北神学院百年纪念文集（第五册）